Serie: Estudios de literatura y pensamiento hispánicos.

Directores: Manuel Revuelta Sañudo
Ciriaco Morón Arroyo
Modesto Sanemeterio Cobo

1. Calderón. Pensamiento y teatro.

2. Menéndez Pelayo. Hacia una nueva imagen.

3. El mundo de Galdós.

STEPHEN MILLER

EL MUNDO DE
GALDOS

TEORIA, TRADICION Y EVOLUCION CREATIVA
DEL PENSAMIENTO SOCIO-LITERARIO
GALDOSIANO

SOCIEDAD MENENDEZ PELAYO

SANTANDER, 1983

I.S.B.N.: 84-300-9679-5

Depósito Legal: SA. 97-1983

Imprime: Artes Gráficas Resma

Prolong. Marqués de la Hermida, s/n - Santander

A Maquita y Cristina,

in memoria de Bean y Papa

A Claudita y Cristina,

...un recuerdo de Bean y Paris

PROLOGO

El mundo de Galdós *divide la actividad literaria de Benito Pérez Galdós (1843-1920) en cuatro fases, sugeridas
por sus escritos teórico-críticos y creativos. La primera es la
socio-mimética, el comúnmente denominado realismo galdosiano; es la etapa inicial de su obra, y constituye el fruto de
su aprendizaje literario que coincide con la década 1861-1871.
En esta etapa Galdós cultiva principalmente dos sub-géneros de
la novela, el histórico y el de costumbres, llegando así a crear
una especie de novela histórica de costumbres contemporáneas; novela que se inspira en el intento de hacer un trasunto mimético de la sociedad urbana. Este período abarca los
años de 1871 a 1889. Los ensayos que lo programan son «Observaciones sobre la novela contemporánea en España» (1870)
y «Don Ramón de la Cruz y su época» (1870-1871);* Fortunata y Jacinta (1886-1887) *es la novela que lo caracteriza.*
*La segunda fase va desde 1889 a 1897 y se puede deno-
minar la estética humana galdosiana. Don Benito deja de
interesarse tanto por la historia y la sociedad españolas y
crea seres inusitados que procuran sustituir la dejadez, la
farsa y la mala fe reinantes en la sociedad por la búsqueda
de autenticidad humana. El discurso galdosiano de ingreso
en la Real Academia (1897) es la explicación teórica más clara del período;* Angel Guerra (1890-1891), Tristana (1892)
y Nazarín (1895) *son típicas producciones creativas de esta
etapa.*
*La tercera y la cuarta fases de la actividad literaria galdo-
siana son versiones propias del simbolismo que caracteriza*

la literatura europea de finales del siglo XIX y principios del XX. Representan una evolución lógica del punto de vista galdosiano sobre la sociedad y el arte literario y, con la estética humana, forman una contestación más a la crisis cultural que obliga a don Benito a abandonar la estética socio-mimética.

La tercera fase se puede llamar el primer simbolismo galdosiano; La de San Quintín (1894) es su creación más típica: no sólo por ser comedia, sino también por encarnar en sus personajes y conflictos las diferentes ideologías contemporáneas que se disputan la jefatura socio-política. Lo que distingue a este simbolismo ideológico de obras galdosianas de las estéticas socio-mimética (incluyendo las obras de tesis), humana y del segundo simbolismo es su representación unívoca del análisis liberal de los males nacionales y, a veces, de sus remedios. La crítica de la época del estreno de estas obras no vacila nunca en evaluarlas según el grado de la compatibilidad ideológica entre el crítico y la obra. Aunque existen elementos simbólicos en otras fases de la actividad literaria de don Benito, en ésta las estructuras de personajes y acciones dramáticas sólo se pueden interpretar de una manera; son disertaciones figuradas cuya razón de ser es su contenido socio-político. Despiertan poco interés entre el público y la crítica de hoy por su esquematización demasiado tajante de caracteres y problemas. La loca de la casa, que tiene versiones novelesca (1892) y teatral (1893), es la primera creación del primer simbolismo, Celia en los infiernos (1913) la última; Electra (1901) es, acaso, la más conocida. El discurso académico de 1897 y los prólogos a Los condenados (1895) y Alma y vida (1902) son los escritos críticos más importantes para comprender estas obras.

El segundo simbolismo galdosiano es una intencionada alternativa al ideológico de La de San Quintín, Electra, etc. Como demuestra don Benito en su explicación teórica de este simbolismo de ensueño en el prólogo de Alma y vida, a veces era necesario evitar el ataque directo del simbolismo ideológico por dos motivos: las inmediatas alteraciones del orden público que provoca Electra; *y la realidad nacional tan melancólica y, a fin de cuentas, tan poco explicable, que pide una interpretación vaga e imprecisa de la fantasía librándose de estructuras normales de probabilidad y posibilidad.* Alma y vida, *los últimos tomos de la quinta serie de los* Episodios nacionales (1907-1912), El caballero encantado (1909) *y* La razón de la sinrazón (1915) *son las creaciones principales de este segundo simbolismo. Galdós empieza esta fase con* Alma y vida *y la sigue cultivando, junto con el primer simbolismo, hasta el fin de su vida.*

* * *

El mundo de Galdós *pretende ofrecer una visión de conjunto de Galdós cuyo precedente más cercano y obvio es* Vida y obra de Galdós *de don Joaquín Casalduero. Entre la primera edición de ese estudio fundamental (1943) y el mío han intervenido cuarenta años ricos en investigaciones galdosianas. Espero haber incorporado en el presente libro lo mejor y más significativo de esta ingente obra crítica. Al mismo tiempo creo ofrecer algunas novedades en* El mundo de Galdós. *Se derivan de tomar como punto de partida los escritos críticos del propio Galdós. Creo ver en ellos el índice más fidedigno de las intenciones globales de su obra, y su anuncio de entroncarse con una tradición española literaria que orienta y da sentido a su creación. Al hacer esto voy en contra de dos prácticas todavía en vigor entre los críticos de Galdós: considerar a don Benito como creador poco teórico de la literatura, y ver a Galdós más como producto de un diálogo tácito con los grandes maestros de la novela decimonónica europea que de la literatura española de la misma época. Sin embargo, las creaciones galdosianas que más se aprecian hoy, las novelas escritas entre 1873 y 1897, son la culminación de la actividad de cinco generaciones de escritores españoles dedicados a crear una literatura verdaderamente nacional, que hiciera revivir esa literatura que murió con Calderón en el siglo* XVII.   * * *

La última parte del presente libro es, según los criterios del lector, la más importante o, simplemente, una apostilla que, incluso, se puede ignorar. En ella me atrevo a sugerir lo que Galdós puede significar para nosotros hoy. Se medita pues, sobre la cuestión, ¿por qué leer a Galdós hoy? En cierto sentido esta conclusión es la continuación de conversaciones con Gonzalo Torrente Ballester durante los años de convivencia en Albany, y con mis maestros de la Universidad de Chicago: R. S. Crane, Richard McKeon, Elder Olson, Bernard Weinberg, Wayne C. Booth, George Haley y Edward Wasiolek. De ellos aprendí la necesidad de indagar sobre el valor humano y social de los textos literarios que leemos y estudiamos. Si no hacemos esto, corremos el riesgo de convertir la literatura en un pasatiempo sin trascendencia.

*   *   *

Ahora, cuando estoy terminando el presente libro sobre Benito Pérez Galdós, tengo pensado otro sobre la obra de Gonzalo Torrente Ballester. Y me doy cuenta de que el segundo libro será mucho más mío que éste. Sin saberlo, empecé El mundo de Galdós *hace años en condiciones difíciles, y en aquel entonces, de distintas maneras, recibí un gran apoyo de tres galdosistas de los más distinguidos. Los profesores John W. Kronik, Rodolfo Cardona y Ricardo Gullón supieron alentarme, cuando era autor de una modesta interpretación de* Miau, *y guiarme después para que pudiera mejorarla y publicarla en* Anales galdosianos. *Y, ¡lo hicieron sin conocerme! Eran tres actos independientes, desinteresados y generosísimos que sólo puedo pagar con mi admiración y gratitud.*

Una vez en el camino del galdosismo tuve la buena fortuna de conocer a don Alfonso Armas Ayala, director de la Casa-Museo Pérez Galdós en Las Palmas de Gran Canaria. Me abrió las puertas de la Casa de par en par, se interesó por mis trabajos, y me ayudó —aún continúa haciéndolo— con consejos e información oportunamente dados. A otros amigos de Casa Galdós les agradezco lo que han contribuido a este libro durante cuatro veranos pasados juntos: a doña Rosa Quintana, conservadora; a don Francisco Junco, administrador; a don Estanislao Quintana Henríquez, y, de manera muy especial, al que conocen todos los que han investigado en la Casa, don Tomás Padrón Cordero que es el primero en saber lo que la Casa brinda de sus riquezas bibliográficas.

También hago constar mi profundo agradecimiento a don Enrique Canito y don José Luis Cano que publicaron en Insula los primeros trabajos míos sobre los autores y la tradición literaria española que formaron el contexto nacional del aprendizaje de Galdós. Ver en las páginas de tan distinguida revista literaria ideas mías un tanto desacostumbradas en estudios galdosianos, me dio la confianza para seguir por el camino que aquí concluye.

Finalmente quiero reconocer tres deudas muy diferentes entre sí. Primera, a la Universidad de Texas A y M por el apoyo monetario que me ha dado a través del programa «Minigrant» y del Comité de Investigación de la Facultad de Artes Liberales. Segunda, a la paciencia, prácticamente sin límites, del profesor Ciriaco Morón Arroyo, y de don Manuel Revuelta Sañudo, director de la Biblioteca de Menéndez Pelayo, y a la confianza que han demostrado al haber pensado en mí para hacer esta contribución a su Serie «Estudios de literatura y pensamiento hispánicos». Tercera, a la ayuda sin principio ni fin de mis suegros, don Eusebio Ojeda Medina y doña Enriqueta Suárez Cárdenes de Las Palmas, que soportan una convivencia veraniega anual que tiene visos de seguir hasta que no haya qué hacer en Casa Galdós; y a los tantos trabajos de su hija Maquita, que no sólo ha tenido «arte y parte» en cada palabra del presente libro, sino que me ha acompañado con su optimismo en todo y por todo.

Gracias a todos. Espero que El mundo de Galdós *sea digno de ellos.*

PARTE I:

TEORIA DEL PENSAMIENTO GALDOSIANO

Conocida es la falta de una rigurosa edición de las obras completas de Pérez Galdós. Esta laguna no se nota en ningún otro sector de la producción galdosiana tanto como en el de los escritos críticos de don Benito. Sólo recientemente tenemos acceso fácil a algo como el cuerpo entero de sus ensayos críticos, aunque haya que consultar hasta diez fuentes diferentes, editadas durante un período de más de ochenta años.[1] No es sorprendente, pues, que falte un conocimiento claro y generalizado del Galdós teórico literario.[2] O, inclusive, que se le niegue a Galdós la habilidad crítica que redondea tanto las reputaciones de Juan Valera (1824-1905), Emilia Pardo Bazán (1852-1921) y Leopoldo Alas, «Clarín» (1852-1901).[3] Esta primera parte del presente libro, se propone deshacer esa imagen falsa de don Benito, y sustituirla por una apreciación más exacta de cómo el gran novelista canario se orientaba conscientemente en su labor creativa por medio de exposiciones práctico-teóricas de los problemas y metas de esa labor.

1.

Después de llegar a Madrid en 1862 y de pasar allí ocho años, ensayando una gran variedad de géneros creativos y críticos, Galdós se pronuncia sobre la tradición literaria con la cual se identifica personalmente y que cree llamada a inspirar al escritor español del último tercio del siglo XIX.[4] En el largo, pero ignorado ensayo «Don Ramón de la Cruz y su época» (1870-1871), don Benito explica y defiende una literatura basada en la observación directa de la sociedad nacional y en la reproducción mimética o imitativa de ésta por escritores españoles desde el Siglo de Oro hasta la época contemporánea;[5] ve en los sainetes de Ramón de la Cruz (1731-1794) el eslabón principal de lo que podemos llamar la tradición socio-mimética de la literatura entre Cervantes, Lope y Calderón y el trabajo de creación artística en su día.[6] En «Observaciones sobre la novela contemporánea en España» (1870), un artículo-reseña dedicado a dos colecciones de cuentos por el actualmente poco conocido Ventura Ruiz Aguilera (1820-1881), Galdós estudia el modo de traducir la estética que explica en «Don Ramón» a la novela española de 1870.[7]

Como nosotros, don Benito no cree que los sainetes de D. Ramón de la Cruz sean obras perfectas de arte. Pero comparte la opinión muy avisada de Leandro Fernández de Moratín (1760-1828), Francisco Martínez de la Rosa (1787-1862), Agustín Durán (1793-1862), Ramón de Mesonero Romanos (1803-1882) y Juan Eugenio Hartzenbusch (1806-1880) al fallar que el valor de los sainetes es socio-literario.[8] Galdós escribe: «Fáltales [a los sainetes] la lógica de la acción; carecen de organismo» y demuestran un «prurito de enseñar [pueril]» (II, v; 1490).[9] Sin embargo, los sainetes consiguen el fin del arte menos logrado durante todo el período comprendido entre la muerte de Calderón en 1680 y el siglo XIX en las letras españolas: «el de la imitación de la Naturaleza» (1490). «Don Ramón» es la interpretación social de lo que Galdós entiende por esta «imitación de la Naturaleza» y su defensa de la importancia que tiene en la literatura nacional.

Dos son los postulados que sirven como base teórica del interés que Galdós, como antes Moratín, Durán, etc., experimenta por los sainetes. El primero es histórico; a pesar de ser el siglo XVIII español motivo «de abatimiento y hasta de vergüenza», don Benito declara que «no conviene condenar[lo] con ligereza» porque «no hay época más digna de estudio»: «de ella procedemos» los españoles de 1870 (I, i; 1465). El segundo postulado especifica la relación que él ve entre una sociedad cualquiera y la literatura: «Indudablemente, la sociedad, con sus sentimientos y sus memorias, su aspiración y su espíritu, considerado ya individual, ya colectivamente, es el perpetuo asunto del arte» (I, iv; 1475). Poder «exteriorizar» todos estos aspectos de una sociedad es para Galdós «el secreto de los ingenios privilegiados, que como Calderón y Shakespeare, ponen a su tiempo un sello de inmortalidad» (1475). Don Benito no equipara a Cruz con los otros dos dramaturgos de manera global, pero no deja duda sobre el entusiasmo que siente por lo que llama el «mundo artístico» de don Ramón que «es vasto, de una multiplicidad asombrosa, vivo, palpitante, todo calor y movimiento» (1490).

2.

En «Observaciones sobre la novela contemporánea en España» Galdós da mucha más importancia al segundo postulado socio-literario de «Don Ramón». Ello es así por querer tratar del problema de la novela que hay que escribir en la España de 1870 para estar a la altura de los novelistas ingleses y franceses; y éstos cultivan una literatura cuyo «asunto» es «la sociedad, con sus sentimentos y sus memorias, etc.»[10]. Al respecto el panorama de la narrativa española no ofrece mejor guía al joven Galdós que las colecciones *Proverbios ejemplares* (1864) y *Proverbios cómicos* (1870) de Ruiz Aguilera. A pesar de nuestra primera reacción de sorpresa frente a una afirmación tan inverosímil de por sí, conviene comprender a don Benito antes de formar un juicio terminante sobre esta posibilidad.

Para Galdós en 1870 sólo un sub-género de la novela, la de costumbres, ofrece la perspectiva de ser mejorada hasta tal punto que España tenga una novela seria y digna de atención crítica.[11] El considera que el «gran defecto de la mayor parte de nuestros novelistas, es el haber utilizado elementos extraños, convencionales, impuestos por la moda, prescindiendo por completo de los que la sociedad nacional y coetánea les ofrece con extraordinaria abundancia» (*Ens.*, 115). En estas primeras palabras de «Observaciones», don Benito hace constar su compromiso con un arte novelesco de orientación social y contemporánea muy semejante en su visión estética al arte que creó Ramón de la Cruz en su día, reanudando así la tradición de Cervantes, Lope y Calderón.[12]

Entre los artistas españoles y extranjeros citados por Galdós en «Observaciones» —Cervantes (116, 118), Velázquez (117, 119), Mesonero (121), Quevedo (122), Fernán Caballero (122), Pereda (122), Aguilera (125-132), Dickens (118), Dumas (118), y Soulié (118), todos menos los dos franceses merecen su aprobación por ser grandes observadores de su entorno social y por saber plasmar en su género artístico respectivo algún aspecto significativo de los tipos y las costumbres de su tiempo. Cuando don Benito lee a Dickens o Cervantes, por ejemplo, exclama, «¡Qué verdadero es esto! Parece cosa de la vida. Tal o cual personaje, parece que le hemos conocido» (118-119). Como en «Don Ramón», Galdós se interesa por los resultados de una observación «artística» de la sociedad, no por las técnicas o géneros empleados para dar forma o ser a los frutos de la observación.[13] La situación literaria del país es tan primitiva que dedicar mucha atención a una crítica técnica y formal sería prematuro. Primero hace falta ponerse de acuerdo sobre las metas y bases de una literatura que sólo se podría analizar técnicamente en su momento de realización.[14]

En un artículo en que menciona a Cervantes, Quevedo, Mesonero, Fernán Caballero (1796-1877) y Pereda (1833-1906), Galdós tiene razones muy particulares para concentrarse en la obra de Aguilera. Desde la época capital de los cuadros costumbristas de «El Curioso Parlante» (1832-1842) a 1870, Galdós opina que «la sociedad de Mesonero nos parece casi tan antigua como la... que inmortalizó Quevedo» (121-122). Don Benito, pues, busca un modelo contemporáneo de cómo traducir la realidad social a la literatura; puede por lo tanto celebrar las obras de los inmortales del Siglo de Oro, o las de Cruz y Mesonero, pero no encuentra en ellas el mundo que el escritor del último tercio del siglo XIX tiene que recrear. El caso de Fernán Caballero y Pereda especifica más lo que Galdós ve en Aguilera. Aunque la «novela de costumbres campesinas» que escriben los dos autores regionalistas es completamente lograda como obra de observación de la sociedad nacional, es parcial en su visión por ser «demasiado local» y por expresar «una sola faz de nuestro pueblo» (122). Galdós cree que la novela de costumbres que España necesita tiene que ofrecer mayor cabida a las múltiples encarnaciones de las gentes españolas; sobre todo a las más representativas, a las de la clase media urbana, «el gran modelo, la fuente inagotable» de los *Proverbios* y de la novela que el escritor canario reclama en «Observaciones» (122).[15]

Galdós da por sentado que la clase media «es hoy la base del orden social» en Europa y que «en ella está el hombre del siglo XIX con sus virtudes y sus vicios, su noble e insaciable aspiración, su afán de reformas, su actividad pasmosa» (122). A diferencia de la «novela de costumbres campesinas», o de obras por Mesonero, Cervantes, etc., la novela que planea don Benito, la «novela moderna de costumbres», «ha de ser la expresión de cuanto bueno y malo existe en el fondo de esa clase» en su versión española que Galdós mismo vive y que ve reflejada fielmente en las ficciones cortas de Aguilera (122). La sede del mundo aguileriano es Madrid. En un país tan centralizado como España, Galdós no afirma explícitamente que Madrid deba ser el escenario de la novela que desea para los españoles. Pero, por lo que dice de Fernán Caballero, Pereda, Mesonero y, en «Don Ramón», de Cruz, Galdós implica que el Madrid de Ruiz Aguilera constituye «la base del orden social» de la nación.

Cuando Galdós critica el «prurito de enseñar» de los sainetes de don Ramón, cree censurar un defecto más importante que los propiamente formales —desde su punto de vista estético—. Aunque el arte está socialmente condicionado, el fin del arte según Galdós es independiente de cualquier criterio de utilidad social estrechamente concebido. En «Observaciones» don Benito es completamente consecuente con las ideas expresivas en «Don Ramón». Aguilera es superior a Cruz por saber presentar «lo que somos unos y otros, los buenos y los malos» sin moralizar (127). «Si [nosotros los lectores] nos corregimos, bien; si no, el arte ha cumplido su misión, y siempre tendremos delante aquel espejo eterno reflejador y guardador de nuestra fealdad» (127).

Para redondear nuestro concepto de la primera fase de la teoría literaria galdosiana, urge saber por qué nuestro autor se interesa más por la novela como género que por un intento de realizar en 1870 un teatro nacional como el de Lope, Calderón y Cruz. La razón es más temática que técnica. En 1870 don Benito está a la búsqueda de una representación literaria de su país que ponga «en contacto y en relación íntima, como están en la vida, todas las clases sociales» (121). La novela, por ser «el más complejo, el más múltiple de los géneros literarios», es el género indicado para captar el fenómeno de cómo «respire y se agite todo el cuerpo social» capitaneado por la clase media (121). Es de notar que este «primer» Galdós aspira a novelar toda una sociedad y que el teatro se excluye no por ser teatro, sino por parecer demasiado limitado para la visión panorámica galdosiana. En 1870-1871 don Benito está fascinado por su idea de la vida nacional concentrada en Madrid. «Don Ramón» y «Observaciones» son elogios razonados de dos mundos artísticos —de Cruz y Aguilera— que señalan el camino galdosiano a la creación de un mundo novelesco «vasto, de una multiplicidad asombrosa, vivo, palpitante, todo calor y movimiento». Galdós aprenderá de los aciertos y los errores de Cruz y Aguilera. Con ellos comparte la estética socio-mimética y el gran entusiasmo por Madrid como escenario. De este punto en común de gustos y preocupaciones, Galdós parte para crear de manera más plena que sus guías un trasunto literario de la realidad social española. Cabe pensar que en buena medi-

da la grandeza de Galdós viene de haber elegido la novela,
en lugar del teatro, el cuento o la novela corta, como vehícu-
lo expresivo de su proyecto. Cruz y Aguilera no descubrie-
ron el género más indicado, por lo complejo, para traducir
su visión social al arte. Galdós supo, como consecuencia, no
encerrarse en una forma demasiado limitada, una forma no
adecuada para los grandes y complejos movimientos sociales
que pedían «manifestarse en forma artística» en 1870 (122).

3.

Desde la perspectiva de la teoría literaria galdosiana, el
próximo gran escrito crítico de don Benito es el epílogo a la
edición ilustrada de las dos primeras series de *Episodios Nacionales,* escritas entre 1873 y 1879.[16] Es del año 1885. Publicado a los quince años de «Don Ramón» y «Observaciones», este documento es obra de un escritor consagrado y
maduro en vísperas de crear *Fortunata y Jacinta* (1886-1887),
novela generalmente considerada su obra maestra.

Al empezar Galdós recuerda que, en el prólogo a la edición ilustrada fechado en «Madrid, marzo de 1881», pro-
metió al público «algunos desahogos *sobre la novela española
contemporánea»* (i). Pero, a la hora de la verdad en 1885
dice que «recojo mi palabra» por haber sido dada «en aquella
espontaneidad pueril [¡1881!]» y por carecer del «don maravilloso de practicar el arte y de legislar sobre él» (i).[17] Por
estas razones se limita a escribir «un poco de cómo y cuándo
se escribieron» la primera y la segunda serie de los *Episodios,*
y hace comentarios referentes a toda su novelística a partir
de 1873 en este epílogo. Nos explica ciertos cambios con
respecto a los postulados estéticos de 1870-1871, cambios
que tienen gran resonancia en su trayectoria creativa. Se presencia una evolución en las bases socio-literarias del mundo
de Galdós.

Los primeros datos importantes del epílogo se refieren al
medio ambiente de optimismo liberal que presta a «Don

Ramón» y «Observaciones» su tono tan especial de gran empresa socio-literario.[18] Galdós recuerda la restauración de los Borbones al trono español en 1874; después, de manera muy significativa, afirma que «las luchas entre la tradición y la libertad», que datan del reinado de Fernando VII (1814-1833) y que retrata e interpreta en la segunda serie de *Episodios*, permanecen tan reales, «frenétic[a]s y encarnizad[a]s... en nuestros días» como medio siglo antes (ii). ¡Qué cambio de punto de vista con respecto a «Don Ramón» y «Observaciones»! Sin bautizarla, la lucha a que alude Galdós es la que denominamos hoy la de las dos Españas. Pero en «Don Ramón» Galdós hizo una comparación de índole muy diferente entre la España del siglo XVIII y la de 1870: «No existía entonces como ahora ese eslabonamiento de las clases sociales que las pone en comunicación directa unas con otras, y las obliga a prestarse y cambiar ideas y sentimientos» (I, v; 1477). En «Observaciones» Galdós alude a esta supuesta armonía cuando habla del reflejo exacto, del «contacto» y de la «relación íntima, como están en la vida» de «todas las clases sociales» que Aguilera retrata en los *Proverbios* (*Ens.*, 121).

Al parecer el optimismo galdosiano de 1870-1871 sucumbió frente a los acontecimientos históricos posteriores. El golpe de estado del 3 de enero de 1874 por el general Manuel Pavía (1827-1895) dio fin a la primera República y demostró claramente la falta de concordia social y de cooperación entre las distintas clases del país. De manera más convincente, por ser más duradera, la actuación política de la restauración borbónica consistía en deshacer en gran medida las reformas liberales de la Constitución de 1869. Haciéndose eco de otra evaluación suya de la situación política española entre 1834 y el presente (que aparece al final del último tomo de la segunda serie de los *Episodios* seis años antes[19]), el don Benito del epílogo le espeta al lector una declaración que es tema constante de su novelística, a partir de 1879 sobre todo «adolecemos... de falta de sinceridad. Lo que llaman *vida pública* es una fastidiosa comedia representada por confabulación de todos, amigos y enemigos. La vida efectiva no aparece nunca» (iv).

En 1870-1871 Galdós se fiaba de las apariencias sociopolíticas de una España que creía en vías de seguir la marcha democrática europea. Entre la década de los setenta y 1885 aprende a ser más cauto. Sustituye su creencia ingenua en el progreso español por una apreciación más compleja de la historia patria y de la ceguera de la gente idealista de su promoción entre 1868 y 1873, o sea, entre la Revolución de 1868, llamada también la «Gloriosa» y la «Setembrina», y el golpe de Pavía. Dice don Benito en 1885: «Por más que la generación actual se precie de vivir casi exclusivamente de sus propias ideas, la verdad es que no hay adelanto en nuestros días que no haya tenido su ensayo más o menos feliz, ni error al cual no se le encuentre fácilmente la veta a poco que se escarbe en la historia para buscarla» (ii). Donde creía ver progreso, Galdós ahora ve repetición histórica. Los acontecimientos nacionales de 1868 hasta 1873 son la versión contemporánea de la guerra entre la libertad y la reacción, que empezó en el reinado de Fernando VII: el ciclo siempre se inicia con la victoria de la primera y finaliza con el triunfo de la segunda.

Otro indicio del desengaño de don Benito con respecto al proceso histórico nacional se ve en la siguiente referencia a la relación entre el período de 1805 (Trafalagar) a 1834 (primera guerra carlista) en los *Episodios* de las primeras dos series, y la España de 1885. Galdós declara: «Si damos valor a una ilusión de tiempo, podremos decir que aquellos veintinueve años fueron nuestro siglo décimo octavo, la paternidad verdadera de la civilización presente, o del conjunto de progresos y resabios, de vicios y cualidades que por tal nombre conocemos» (ii). Galdós afirma, en su forma peculiar de expresión («Si damos valor, etc.»), que *nada* esencial ha cambiado en el país. Después de 1834 España no progresa, da vueltas en torno a una noria histórica de la cual no se saca nada positivo.

Si Galdós en 1885, y quizá empezando con el aludido

episodio de 1879, no cree en el progreso democrático de España, ¿qué queda, a nivel teórico por lo menos, de la estética socio-mimética de «Don Ramón» y «Observaciones», y de su realización en la novela moderna de costumbres urbanas? En el epílogo que estudiamos, don Benito reafirma su convicción del valor intrínseco de una literatura socio-mimética: «Es y será siempre un gran placer para toda generación el mirarse en el espejo de la que le ha precedido inmediatamente» (ii). Al contrastar los procedimientos característicos de las dos primeras series de *Episodios,* Galdós explica cómo la segunda serie dejó de ser «novela histórica» para «confundirse» con la «novela de costumbres» (v). En 1885 nuestro autor dice que en las novelas de las dos series, su objeto era «buscar la configuración, los rasgos y aún los mohines de la fisonomía nacional» (v). Con respecto a 1870-1871 el concepto galdosiano de la vida nacional es más amplio: ésta no es sólo contemporánea y urbana, sino peninsular e histórica. De acuerdo con su concepto ahora circular de la historia patria decimonónica, don Benito no encuentra grandes diferencias «en el orden espiritual» entre el español de hoy y ayer; la «raza» española no cambia (v).

Consecuente con esta nueva comprensión de la vida nacional, don Benito tiene ahora otro punto de vista sobre la literatura regionalista. En el prólogo de 1882 que escribe para *El sabor de la tierruca* de Pereda, reconoce plenamente la validez del arte del gran montañés e, implícitamente, de Fernán Caballero. Un Galdós maduro acepta cualquier novela de costumbres que sea nacional en su enfoque. Refiriéndose a varias novelas peredianas en que domina lo regional —*Hombres de pro* (1872), *Don Gonzalo González de la Gonzalera* (1879) y *De tal palo, tal astilla* (1880)—, Galdós repite en otras palabras la misma clase de crítica positiva, según criterios socio-miméticos, que hizo de las obras de Cruz y Aguilera doce años antes: Pereda «muestra en toda su riqueza la facultad observadora, la invención sobria y seductora, el culto de la verdad, de donde resultan los caracteres más enérgicamente trazados y el diálogo más vivo, más exacto y humano que es posible imaginar» (*Ens.*, 167).

Evidentemente don Benito sigue siendo en 1885 un apasionado observador/retratista de su país. No cree necesario dar un tratamiento preferencial a ninguna parte o clase por considerar obvio que ningún sector español tiene un puesto privilegiado en el marasmo y la farsa de la vida nacional. En 1897, en su discurso de recepción de Pereda a la Real Academia, Galdós llega a decir que «todos somos regionalistas... porque todos trabajamos en algún rincón... más o menos espacioso de la tierra española» (*Ens.*, 195). La gran labor socio-literaria de expresar la vida del centro del país y de la clase media, que «asume por su iniciativa y por su inteligencia la soberanía de las naciones», anunciada en «Observaciones», da indicios de ser ya letra muerta en Galdós (122). A nivel teórico en el plan galdosiano de arte literario, España y los españoles figuran donde antes Madrid y los madrileños, el siglo XIX donde anteriormente la España de la Revolución de 1868. Cuando estudiemos las novelas de don Benito que corresponden al período de esta toma de posición teórica, habrá que precisar las relaciones entre la práctica y la teoría literarias en Galdós.

4.

De manera clarísima, que se aprecia aún más fácilmente en la obra creativa galdosiana que en la crítica, Galdós se revela en la década de los noventa y en las dos primeras décadas del siglo XX dividido entre varias estéticas literarias y, a veces, a una gran distancia de sus posiciones socio-estéticas de 1870-1871 y de 1882-1885. La crítica ha comentado esta nueva orientación de don Benito, siendo don Joaquín Casalduero el primero en dar nombres a los distintos períodos no socio-miméticos galdosianos: el espiritualista (1892-1907), el mitológico (1908-1912) y el extratemporal (1913-1918).[20] Esta manera de acercarse a los últimos veintiséis años de creación del mundo de Galdós tiene la ventaja de fijar, en un marco cronológico, una versión esquemática de los principales marcos de referencia de la obra de Don Benito. Sin embargo, no refleja la pugna e indecisión estética y social que existe dentro de las tres etapas identificadas por Casalduero.[21] Sin estar en desacuerdo con don Joaquín, creo interesante acentuar las razones y las dudas galdosianas al dejar la década de los ochenta, época en que escribe sus obras maestras y de la que la crítica y el público se ocupan preferentemente.

El gran documento crítico galdosiano de estos años es el discurso de ingreso a la Real Academia en 1897.[22] Como Galdós no dio título al documento, la crítica ha dado en bautizarlo «La sociedad presente como materia novelable», que es una frase empleada por Galdós para identificar «el punto sobre el cual me propongo aventurar ante vosotros [señores académicos] algunas opiniones» (*Ens.*, 176). En este escrito Galdós formula una especie de definición de la novela, que siempre se invoca como su idea de la novela realista.

> Imagen de la vida es la novela, y el arte de componerla estriba en reproducir los caracteres humanos, las pasiones, las debilidades, lo grande y lo pequeño, las almas y las fisonomías, todo lo espiritual y lo físico que nos constituye y nos rodea, y el lenguaje, que es la marca de raza, y las viviendas, que son el signo de familia, y la vestidura, que diseña los últimos trazos externos de la personalidad: todo esto sin olvidar que debe existir perfecto fiel de balanza entre la exactitud y la belleza de la reproducción (175-176).

A pesar de la relación dialéctica y no especificada entre «la exactitud y la belleza de la reproducción», y del hecho de no decir nada que no pueda aplicarse a cuadros de costumbres, la llamada «definición» exhibe una admirable concisión como resumen de técnicas realistas. Lo que se echa de menos en la formulación y en todo el discurso es el razonamiento de «observaciones» que apoya la necesidad social y literaria de crear «imágen[es] de la vida» en forma novelesca. En 1897, como se verá, don Benito no intenta basar su labor en una «reproducción» de tipos y costumbres característicos de la sociedad española. «La sociedad presente» es el epitafio galdosiano a la estética socio-mimética y a la preeminencia de las técnicas realistas de que se vale.

Como en el epílogo de 1885, Galdós en «La sociedad presente» sigue cultivando la leyenda de su incapacidad crítica. Dice que existen dos maneras posibles de tratar la novela, el género al que ha dedicado más esfuerzo personal: «o estudiando... cuantas novelas enriquecen la literatura», o «estudiar la vida misma, de donde el artista saca las ficciones que nos instruyen y embelesan» (176). Afirmando que su ciencia no es suficiente para intentar el primer método de investigación, don Benito elige el segundo porque la «erudición social es más fácil que la bibliográfica, y se halla al alcance de las inteligencias imperfectamente cultivadas» (176).[23]

La primera aseveración propiamente de Galdós respecto a su tema es chocante y contradictoria para el lector de «Don Ramón», «Observaciones» y el epílogo a los *Episodios*. La «sociedad presente» es ahora una «muchedumbre» en que se observa «la relajación de todo principio de unidad. Las grandes y potentes energías de cohesión social no son ya lo que fueron» (176-177). Y el porvenir no se ofrece más risueño que el presente: no «es fácil prever qué fuerzas sustituirán a las perdidas en la dirección y gobierno de la familia humana»; la «Ciencia» y la «Poesía no pueden o no saben aún alzar el velo tras el cual se oculta la clave de nuestros futuros destinos» (177). La sociedad española y humana está a la deriva para el Galdós de 1897 mientras que en 1870-1871 don Benito detectaba su progreso bajo el mando de la clase media y en 1885 describía algo no satisfactorio, pero, al menos, previsible: una repetición histórica española. Observamos, pues, que entre 1870 y 1897 Galdós pierde la seguridad de los postulados sociales en que basó al principio su creación y misión literarias.

En vista de esta profunda evolución, parece claro que citar «Imagen de la vida es la Novela, etc.», para caracterizar la actividad literaria galdosiana —la completa, o sólo las novelas— es muy arriesgado. Adolece de una falta de perspectiva por ser ahistórica y, por lo tanto, incompatible con un hecho fundamental: don Benito no vio siempre «la vida» de la misma manera. Antes de pretender hacer un análisis técnico del «perfecto fiel de balanza entre la exactitud y la belleza de la reproducción» o «imagen de la vida» que es, supuestamente, la novela realista galdosiana, urge conocer mejor el concepto de vida social en función del cual se ponía a escribir nuestro autor en las distintas etapas de su labor literaria. Para Galdós el arte existía más como medio de dar forma a su visión social que como fin primordial que requería materia social como pretexto sobre el que estructurarse.[24] La crítica y la creación galdosianas de los años noventa y los siguientes reflejan claramente, pues, el caos social que Galdós describe tan explícitamente en 1897, y que parece ser el contexto del prólogo al drama *Los condenados* de 1894.[25]

5.

Dicho prólogo representa el intento de Galdós de comprender las razones por las cuales *Los condenados* no tuvieron éxito. Por una parte don Benito falla que la crítica periodística es institución incapaz de juzgar el valor de una obra literaria, y, citando las reseñas que dice ser desfavorables e incomprensivas en su mayoría, les atribuye un importante papel en la mala suerte de su drama. Al mismo tiempo Galdós analiza su obra para ver qué factores intrínsecos condujeron a la mala reacción del público asistente al estreno de *Los condenados*. Esta cuestión le importa sobremanera porque antes del estreno tenía grandes esperanzas y confianza en el drama, y sólo durante el estreno fue transportado de ese «ensueño a la realidad».[26]

Lo que más llama la atención al lector del prólogo de *Los condenados,* particularmente en comparación con los escritos galdosianos estudiados hasta ahora, es la principal categoría crítica que guía a Galdós: el «pensamiento» del drama. En lugar de existir como reflejos de tipos sociales comunes, constituyendo así una de las bases de una obra socio-mimética, los personajes del drama existen primordialmente como funciones del «pensamiento» de don Benito, de su intención o propósito ideológico. Nuestro autor se da perfecta cuenta del problema, aunque cree haberlo evitado. Reconoce que los protagonistas Santamona y Paternoy no «penetraron en el corazón del público», pero no por ser encarnación imperfecta de su idea. Valiéndose de los criterios socio-miméticos aplicados tanto a los personajes de Aguilera, como a los de Cruz y a los suyos propios en la mayor parte de su novelística anterior, Galdós mantiene —a pesar de la negativa pública y crítica— que sus protagonistas no eran «abstracciones filosóficas, sino personas»; y que «en la vida real existe seguramente el modelo de ambas, aunque no puede decirse que abunda». Pero, con ese «seguramente» y aquel «aunque» ¿no revela Galdós una gran incertidumbre sobre su propia afirmación? Al mismo tiempo no creo que muchos lectores hoy dieran la razón a don Benito en este caso. Parece evidente que el público y la crítica de 1894 juzgaron acertadamente a Santamona y a Paternoy cuando vieron en ellos, como intención y realización, «abstracciones filosóficas» y «personificaciones de ideas abstractas». Tradicionalmente el personaje galdosiano —y el personaje de otros autores admirados por don Benito—, manifiesta una característica fundamental: es fiel a la vida, su comportamiento hace exclamar al lector, « ¡Qué verdadero es esto! Parece cosa de la vida. Tal o cual personaje, parece que le hemos conocido» (*Ens.,* 118-119). Puede ser tal personaje la encarnación de una idea, pero es tan vivo que no se limita a ser únicamente la representación de una idea. En *Los condenados,* sin embargo, Santamona y Paternoy se reducen a ser ideas. Les falta por completo el desarrollo múltiple y complejo de personajes como Isidora Rufete (*La desheredada),* Rosalía, la de Bringas, Torquemada, etc., que encarnan sentidas críticas galdosianas de tipos sociales, sin ser meros esquemas de vicios o virtudes. Mientras no es posible olvidar

lo que representan en abstracto los protagonistas de *Los condenados,* se experimenta el vivir de Isidora y los otros;
sólo al reflexionar sobre la actuación de éstos se llega a comprender sus varias posibilidades representativas al nivel ideológico.

Galdós nos da un resumen de *Los condenados* publicado
por «Zeda» (F. F. Villegas, 1856-1916). En ese resumen
comprobamos su incapacidad, en este caso, para crear personajes en los que se logre reconciliar el propósito social de
su arte con la necesidad socio-mimética de inventar seres mul-
tidimensionales que sean como personas vivas. Para don Benito, pues, Villegas identifica correctamente el «pensamiento»
del drama, pero se equivoca cuando censura la supuesta dis-
paridad entre la intención galdosiana y la fallida realización
«simbólica» en los personajes y conflictos de la obra. La palabra «simbólica» es algo nuevo en la teoría crítica de Galdós y, como veremos, puede ser una indicación importante
para entender una fase de la reacción estética galdosiana
frente al caos social plenamente analizado en «La sociedad
presente», tres años después.

Don Benito cree que el «simbolismo» es una «ventolera
traída por la moda» a la crítica española, y afirma que «muchos que de seguro no la entienden al derecho, nos traen ma-
reados con tal palabreja. Para Galdós Villegas compara lo que
denomina el simbolismo galdosiano con su pretendida inspiración en las obras de Henrik Ibsen (1828-1906). Don Benito tiene otra opinión y se permite «indicar al señor Villegas
que ningún autor ha influido en mí menos que Ibsen». Divide
las obras del dramaturgo noruego en «dos categorías», y es
gran admirador de la primera que comprende *La casa de
muñecas, Los aparecidos, El enemigo del pueblo.* Estas obras
son «de complexión sana y claramente teatral». La segunda
categoría se compone de comedias «que comúnmente se llaman simbólicas, como *El pato silvestre, Solness, La dama
del mar*», pero que son «ininteligibles» para Galdós. Don
Benito declara que «el único simbolismo admisible en el teatro es el que consiste en representar una idea con formas y

actos del orden material». Tal procedimiento no ofrece nada
nuevo para el escritor canario dado que en «obras antiguas y
modernas hallamos esta expresión parabólica de las ideas.
Afirma don Benito que empleó, «sin pretensiones de novedad», esta expresión «parabólica» o «simbólica» de las ideas
en su drama *La de San Quintín,* estrenado en enero de 1894,
o sea, once meses antes del estreno de *Los condenados.* A
pesar de este precedente en su obra, Galdós niega el simbolismo observado por Villegas: «En *Los condenados* no hay
nada de eso... porque eso de que las figuras de una obra
dramática sean personificaciones de ideas abstractas, no me
ha gustado nunca. Reniego de tal sistema, que deshumaniza
los caracteres». ¿Quiere esto decir que Galdós considera *La
de San Quintín* obra deshumanizada por ser, según su propia declaración, «simbólica», y, por lo tanto, «ininteligible»
—como los dramas ibsenianos de la segunda categoría iden-
tificada por don Benito?—. Galdós no ofrece contestación
a este punto.[27] Parece, sin embargo, que los términos «simbolismo», «expresión parabólica de las ideas» y «deshumaniza[ción] de los caracteres» y «personificaciones de ideas abstractas» son para él expresiones sinónimas del mismo procedimiento literario, y que Galdós lo condena a nivel teórico.

En 1902 nuestro autor escribe un prólogo para su drama
Alma y vida en que vuelve al tema del simbolismo literario.
Pero esta vez lo trata de muy otra manera. Después de reite-
rar su desdén hacia la crítica periodística, Galdós anuncia su
intención de hacer lo que deben hacer los críticos: ayudarle al
público a comprender «una forma [dramática] que se separa
de las formas comunes», de las de «hace veinte años» por
ejemplo.[28] Conforme a su práctica habitual Galdós enlaza la
situación social con el arte que le corresponde. En «estos días
de grande confusión, ansiedad y azoramiento», don Benito
cree necesario «la forma de[l] simbolismo tendencioso» de
Alma y vida. Tal simbolismo «nace como espontánea y pe-
regrina flor en los días de mayor desaliento y confusión de
los pueblos, y es producto de la tristeza, del desmayo de los
espíritus ante el tremendo enigma de un porvenir cerrado

por tenebrosos horizontes». Aparentemente, al menos, Galdós abraza la estética que rechaza tan explícitamente en el prólogo a *Los condenados*. Pero ofrece como justificación el estado de la sociedad que analiza en «La sociedad presente» donde la «Ciencia» y la «Poesía no pueden... alzar el velo tras el cual se oculta la clave de nuestros futuros destinos».

En 1902 un Galdós muy evolucionado explica que «el simbolismo no sería bello si fuese claro, con solución descifrable mecánicamente como la de las charadas». Pedir «la derivación lógica» o una «moraleja de cuento de niños» sería negar «su vaguedad de ensueño», el efecto buscado por el Galdós de 1902 que sitúa la acción de *Alma y vida* en la Castilla de 1780. Galdós cree ver en la época y la acción elegidas «capital signo... [d]el solemne acabar de la España heráldica llevándose su gloriosa leyenda y el histórico brillo de sus luces declinantes». Este «signo», o símbolo, es «una abstracción», «un vago sentimiento» que don Benito vacía «en los moldes dramáticos» para expresar «la melancolía que invade y deprime el alma española de algún tiempo acá, posada sobre ella como una opaca pesadumbre». Más tarde en el mismo prólogo Galdós se explica un poco más sobre la inspiración y la estética simbólica de *Alma y vida*: «Nació... del pensamiento melancólico de nuestro ocaso nacional, y éste es un asunto que dejaría de serlo si fuese claro. Obscuro puede interesar; transparente no». Galdós permanece en contacto vivo con la realidad social e histórica de su país, pero la expresión y técnicas artísticas que emplea varían radicalmente porque la realidad, y su visión de la realidad, han sufrido un cambio fundamental. En 1870 pensaba asistir al glorioso nacimiento de una España moderna. En 1902, junto con los de la Generación del 98, presencia el «ocaso nacional» y busca nuevos caminos estéticos para reflejar la vida española. Sin ser miembro de dicha generación, don Benito respira el mismo ambiente socio-literario que Unamuno (1864-1936), Ganivet (1865-1898), Baroja (1872-1956) y José Martínez Ruiz, «Azorín» (1873-1967); y, por consiguiente, la obra de esta época responde a los mismos factores históricos y culturales que *En torno al casticismo* (1895), *Idearium español* (1897), *La voluntad* (1902), etc., además de representar la evolución interna de la trayectoria socio-artística galdosiana. Cuando estudiemos la creación de don Benito en la última parte del presente libro, veremos el proceso interno que produce al Galdós simbólico, sobre todo en su génesis entre 1888-1889 *(La incógnita* y *Realidad)* y 1894 *(La de San Quintín)*, cuando experimenta la necesidad de romper con la estética socio-mimética por encontrarla carente del valor expresivo adecuado al tiempo en que vive. Por ahora, urge llamar la atención sobre un punto nada claro del simbolismo galdosiano: se nos hace difícil usar el mismo término para la estética brevemente mencionada en el prólogo a *Los condenados,* y para la explicada y defendida en el prólogo a *Alma y vida.* Es posible que el simbolismo de la segunda categoría de las obras de Ibsen, criticado por Galdós en 1894, se parezca más al de *Alma y vida* que al perceptible en *La de San Quintín.* Hasta que podamos estudiar estos dos dramas a la luz de las declaraciones estéticas de sus prólogos respectivos, sólo debemos afirmar la probable existencia de dos estéticas simbólicas en el mundo de Galdós: la primera se basa en la «representa[ción] de una idea con formas y actos de orden material» (1894), la segunda radica en la «vaguedad de ensueño» (1902).

6.

Si eran poco dos estéticas galdosianas para un período de ocho años, creo que existe una tercera, la más fructífera y la que queda explicada en el discurso de ingreso a la Real Academia en 1897. Se podría llamar la estética humana. En términos de 1870-1871 y de 1882-1885, el problema de Galdós en los noventa, expuesto en 1897, es que «la sociedad presente» no es sociedad; es una «muchedumbre caótica» sin cabeza ni dirección (*Ens.,* 178). Contradiciendo la visión dada en «Observaciones», don Benito declara: «La llamada clase media... no tiene aún existencia positiva» en España; «es tan sólo informe aglomeración de individuos procedentes de las categorías superior e inferior... de la plebeya, que sube; de la aristocracia que baja» (178).[29] Dado que la base social de la estética de 1870-1871 falta en la España de 1897, Galdós no puede novelar según los criterios propugnados en las décadas setenta y ochenta. La nueva estética que explica en «La sociedad presente» es, pues, diferente, pero no contradictoria con respecto a las formuladas en los prólogos de 1894 y 1902. En lugar de enfocar su obra sobre la sociedad, cree necesario buscar lo esencialmente humano. «[A] medida que se borra la caracterización general de cosas y personas [tales como las costumbres y los caracteres típicos de una sociedad bien organizada]», don Benito asevera que «quedan más descarnados los modelos humanos, y [que] en ellos debe el novelista estudiar la vida, para obtener frutos de un Arte supremo y durable» (180). Obras creadas por la estética socio-mimética sufren, desde el nuevo punto de vista galdosiano, «de cierto amaneramiento o convencionalismo»; «las ideas... los sentimientos... los caracteres» vienen «a la región del Arte» contaminados por las conveniencias normales en toda sociedad (178). Galdós, no creyendo ya en la sociedad nacional, no quiere molestarse en la observación y el estudio de un grupo que ha dado tan poco de sí para realizar los grandes ideales de 1868.

Al mismo tiempo que don Benito deja de interesarse por la sociedad como tal, ofrece nuevos criterios de perfección literaria más cercanos a los de las estéticas vigentes a lo largo del siglo XX, y se aleja de los razonamientos de 1870-1871 que dieron tanto valor a los sainetes de Cruz y los proverbios de Aguilera. Y, de hecho, da la espalda a sus propias novelas de la década de los ochenta: «el Arte [de 1897] se avalora sólo con dar a los seres imaginarios vida más humana que social» porque «el esfuerzo del ingenio para expresar la vida ha de ser más grande... honda y difícil» y, por eso, «crece, sin duda, el valor de los engendros del Arte» (180-181). ¿Se expone nuestro autor a una falacia en este punto?

Aunque es posible que la estética nueva, la humana (o las simbólicas), sea muy exigente, no es cierto que tengan más valor sus productos por ser los resultados de un proceso artístico duro. En el arte se da poca importancia al esfuerzo en sí. Cuando lleguemos al estudio de las obras creativas galdosianas en la tercera parte del libro, volveremos a este tema. De momento el lector que quiere anticiparnos, puede caracterizar mentalmente cualquier novela de don Benito escrita entre 1881 *(La desheredada)* y 1888 *(Miau)* para después contrastar sus materiales y enfoque social con obras como *Angel Guerra* (1890-1891), *Tristana* (1892), *Nazarín* (1895), etc. En éstas el protagonista es estudiado en función de su deseo y necesidad de independizarse de las normas, generalmente artificiales y muchas veces falsas, de la sociedad; en aquélla los personajes siempre se definen por su puesto y aspiraciones en la sociedad constituida.

7.

En vista de lo que podemos describir como la fragmentación de la estética galdosiana después de 1890, es interesante terminar esta primera parte con un breve comentario sobre el cultivo que don Benito hace del teatro. Su primer drama, una versión representable de *Realidad,* se estrenó el 15 de marzo de 1892, y fue seguido por veinte comedias más —originales o adaptaciones de novelas y episodios anteriores—, siendo la última *Santa Juana de Castilla* (8-V-1918).[30] Los escritos que dan más información sobre la teoría galdosiana del teatro y de su relación con la novela son tres: el ya citado prólogo al drama *Los condenados* (1894), y los prólogos, muy cortos, que encabezan las dos novelas «en cinco jornadas», *El abuelo* (1897) y *Casandra* (1905).

En el prólogo a *Los condenados* Galdós acepta la afirmación de muchos críticos hostiles a su actividad teatral: un autor puede escribir en varios géneros sin tener la misma suerte en todos. Sin embargo, rechaza absolutamente la idea de que «las dotes del novelador... estorban al conocimiento de la complicada armazón escénica».[31] El autor —Galdós en este caso— podrá tenerlas, pero sólo por la representación de sus comedias y en la reacción del público se sabrá.

Con respecto al tema del teatro galdosiano, el prólogo (1904) a *El abuelo* es más analítico que el anterior. Explica el hecho y las ventajas de adaptar «el sistema dialogal», propio de una obra escénica, a la novela, operación que don Benito efectuó previamente en *Realidad*. Lo que une el «drama de lectura» y la «novela hablada», sea *La Celestina* (1499), *Realidad*, o *El abuelo*, es que «contra[en] a proporciones mínimas las formas descriptiva y narrativa» (10, 11). Galdós prefiere el diálogo a la descripción y la narración por interesarse particularmente en los caracteres que «se hacen, se componen, [y] imitan más fácilmente... a los seres vivos, cuando manifiestan su contextura moral con su propia palabra y con ella, como en la vida, nos dan el relieve más o menos hondo y firme de sus acciones» (11). La narración y la descripción —la «palabra del autor»— estorban cuando se propone el autor, como Galdós a partir de 1889 en *Realidad*, dar «la impresión de la verdad espiritual» (11). Considerado desde otro punto de vista que en «*La sociedad presente*», se ve repetido el afán galdosiano de penetrar por detrás de las engañosas apariencias y formas sociales para llegar a verdades netamente humanas.

Para el Galdós de los dramas de lectura y de las novelas habladas, las fronteras genéricas se borran: por un lado, «En toda novela en que los personajes hablan late una obra dramática», y por otro, «El teatro no es más que la condensación y acopladura de todo aquello que en la novela moderna constituye acciones y caracteres» (11). Don Benito da una razón socio-histórica, en el prólogo (1905) a *Casandra*, que explica esta toma de posición a contrapelo de su práctica descriptiva y narrativa de los setenta y ochenta, y hasta en varias novelas, como *Ángel Guerra* y la serie *Torquemada*, de los noventa: «Los tiempos piden... a la novela, que sea menos perezosa en sus desarrollos y se deje llevar a la concisión activa con que presenta los hechos humanos el arte escénico» (209). Galdós cree que el teatro también puede beneficiarse de un «cruzamiento» con la novela cuyo fuerte es el «procedimiento analítico», o, en otras palabras, el estudio profundo de caracteres en lugar del amontonamiento de complicaciones melodramáticas (209). Al «cas[ar]... a los hermanos Teatro y Novela» Galdós es consciente de que «la perfecta hechura que conviene a esta híbrida familia no existe aún»; con respecto a sus propias creaciones indica la necesidad de «atajar el torrente dialogal, reduciéndolo a lo preciso y ligándolo con arte nuevo y sutil a las más bellas formas narrativas» (209-210).

* * *

Galdós en 1905 tiene menos seguridad estética que en 1870-1871 España ha dado muchas vueltas y con ella también la obra galdosiana. Teniendo presente a continuación lo que hemos descubierto de las etapas y las razones de la evolución del pensamiento de don Benito, se podrán comprender mejor las causas y las manifestaciones creativas de la carrera literaria galdosiana. El haber partido de este principio de orientación teórica hacia el mundo de Galdós, nos da a mi parecer, una ventaja importante sobre la crítica anterior. Poseemos una especie de llave maestra literaria que hemos diseñado, basándonos en el dibujo que de ella nos legó don Benito. Ahora nos corresponde el trabajo técnico de hacer la llave y limarla hasta que nos abra algunas, si no todas, las puertas del mundo galdosiano.

PARTE II:

TRADICION DEL PENSAMIENTO GALDOSIANO

1.

Sin duda el primer acto trascendental de la vida literaria de Galdós fue el de marcharse de Canarias a bordo del vapor *Almogávar* en septiembre de 1862 hacia la Península, concretamente a Madrid.[1] Al hacer esto y, después, encontrarse bien en la capital y corte de España, el joven dejó de ser provinciano y empezó a experimentar la vida nacional tal y como se expresaba en el centro geográfico y administrativo del país. Sin embargo no todos creen positivo este hecho. Todavía hoy se oyen en Canarias críticas sentidas en contra de don Benito por haber abandonado las Islas e, implícitamente, por haber renegado de su patria chica. Aún entre muchos canarios cultos se nota algo como un resquemor a su amor propio de isleños frente a la que consideran inexplicable conducta galdosiana. Pero el investigador no canario se da cuenta de varios factores en esta reacción canaria. En primer lugar muchos piensan que Galdós no volvió jamás a las Islas; la realidad es otra: volvió en 1863, 1864, 1869 y 1894 —a pesar de que el viaje marítimo no le sentaba bien nunca. Probablemente por eso, gran viajero por España y Europa, nunca hizo un viaje a las Américas.[2] Tampoco se conocen en general las poderosas razones de familia, explicadas por H. Chonon Berkowitz y Walter T. Pattison, que pudieron hacer

ingrato a Galdós cualquier proyecto de viaje de vuelta no ya
a Las Palmas, su ciudad natal, sino a la casa de su madre,
localizada en dicha ciudad. Para quien considere poco importante tal factor, sólo hay que advertirle que las figuras de
doña Perfecta (*Doña Perfecta*-1876) y de doña Juana de Samaniego (*Casandra*-1905) son comúnmente aceptadas como
encarnaciones ficticias de la madre de Galdós, muerta en
1887.[3] Finalmente, tampoco se sabe que muchos de los amigos íntimos de Galdós en Madrid eran canarios, que el escritor podía encontrarse siempre con paisanos suyos en el
Café Universal de la Puerta del Sol, y que vivían con él, en
Madrid, dos hermanas solteras y otros parientes. En resu-
midas cuentas, pues, se puede afirmar que Galdós estuvo en
contacto constante con su tierra.[4] Pero el dato más importante y simbólico de los muchos asociados con la relación
Galdós-Canarias merece un párrafo aparte.

En octubre de 1868 Galdós, en compañía de su cuñada
y hermano mayor Domingo, casi volvió a Las Palmas otra
vez. La familia había pasado el verano en Francia y parte
de septiembre en Gerona y Barcelona. Cuando estalló la Revolución de 1868, todos salieron de Barcelona en el vapor
América para Canarias para evitar los problemas y disturbios
ocasionados por la expulsión de Isabel II. A pesar de estas
prevenciones Galdós dejó a los suyos en Alicante para volver
a Madrid.[5] Años después de este incidente don Benito re-
cordaba todavía las manifestaciones populares que había observado en la Barcelona de la Septembrina: eran las de «una
revolución de alegría, de expansión en un pueblo culto».[6]
Antes de abandonar el *América* en 1868, el joven escritor
«ardía en curiosidad por ver en Madrid los aspectos trágicos
de la revolución». Cuando, a «las pocas horas de llegar a la
villa y corte [Madrid] tuv[o] la inmensa dicha de presenciar, en la Puerta del Sol, la entrada [«estruendosa, delirante»] de Serrano» el 3 de octubre, Galdós se creía parte del
progreso socio-político que se respira en «Observaciones».
A nuestro autor le seducía la experiencia del centro geográ-

fico y político del país. Aunque su hermano Domingo sólo pensaba en la paz y seguridad de su pequeña ciudad natal de provincias, Benito quería ponerse —y exponerse— al calor de la fragua donde se elaboraba el futuro de España.

En las Canarias de 1860-1870 dos grandes temas ocupaban la mente de los isleños: el emplazamiento del teatro municipal de Las Palmas, y la todavía candente rivalidad entre La Laguna y Santa Cruz de Tenerife por un lado, y Las Palmas de Gran Canaria por otro. Antes de marcharse de las Islas en 1862 Galdós, en unos versos y dibujos satíricos, se había burlado de la cuestión del teatro; y al escribir una narración del tramo Las Palmas - Santa Cruz de su primer viaje a la Península, se había referido jocosamente a la enemistad, para él tonta, entre las ciudades e islas vecinas.[7] Creo poder concluir que las Canarias le quedaban chicas a Galdós por lo que tenían de provincias en la peor «extensión de la palabra» y por lo alejadas geográficamente que se hallaban del foco de la vida nacional.

Entre 1862 y 1868 Galdós fue colaborador de varios periódicos madrileños. Escribía sobre todo: la literatura, el arte, la música, la política, los acontecimientos y sucesos de la semana o quincena en Madrid.[8] Callejeaba, frecuentaba el Ateneo y ciertas cátedras progresistas universitarias.[9] Don Benito se hacía madrileño y peninsular (o, como dirían los canarios de hoy, «godo») por razón de la vitalidad que se concretaba y de allí emanaba. Sólo más tarde, como hemos visto, haría Galdós la crítica del centro y estaría dispuesto a aceptar que sus novelas de costumbres urbanas fueran tan locales e, implícitamente, limitadas como las novelas regionales de Fernán Caballero y Pereda. ¿Quién sabe? Quizá la vuelta a Las Palmas en 1894, época en la cual ya aceptaba plenamente la «validez» de la obra perediana, señaló una búsqueda por parte de Galdós de valores canarios análogos a los de la Montaña. Sea como fuere, consta que el Galdós de los años sesenta se formaba «nacionalmente». Participó en la Noche de San Daniel (1865), era testigo de vista de las consecuencias del levantamiento de los sargentos de San Gil

(1866), vio la expulsión de la dinastía borbónica (1868); en fin, experimentó todos los momentos claves del auge liberal de la década, y se sentía parte del mismo.[10]

2.

Mientras el centrismo y la política liberal del joven Galdós se dejan comprender fácilmente, la situación literaria española y galdosiana de 1860-1870 no es tan clara. Desde nuestra perspectiva la década es de un gris casi total. Aunque Galdós habla en «Don Ramón» del «brillante período del teatro contemporáneo» (I, iv; 1473), no creo que haya nadie hoy que ponga *El tanto por ciento* (1861) de López de Ayala, *Venganza catalana* (1864) de García Gutiérrez, *La muerte de César* (1865) de Ventura de la Vega o *Un drama nuevo* (1867) de Tamayo y Baus al nivel del teatro que Ibsen iba preparando con *Brand* (1866) y *Peer Gynt* (1867). La novela española estaba peor que el teatro. Pereda había dado a luz la colección narrativa *Escenas montañesas* (1864), pero su próximo libro iba a ser *Ensayos dramáticos* (1869), obras en verso puestas en escena en Santander. Era, sin duda, la época del folletín y de Manuel Fernández y González: *El pastelero de Madrigal* (1862), *Los desheredados* (1865), *Los hijos perdidos* (1866) y *María* (1868). En cuanto a la lírica Bécquer (1836-1870) publicaba algunas rimas en revistas, Rosalía de Castro (1837-1885) dio *Cantares gallegos* (1863) a la estampa, pero a nivel popular Ramón de Campoamor (1817-1901) establecía el tono lírico característico de la época, saliendo académico de la Real en 1861.

Berkowitz refleja el poco relieve de la literatura española de la década de los sesenta indirectamente cuando presenta su versión del Galdós de 1870, autor de la entonces recién publicada *La Fontana de Oro*. Para el gran biógrafo Galdós veía más o menos clara la misión social de su literatura: «presentar de manera amena y popular las causas básicas de las crisis sociales y políticas que periódicamente atacaban al país».[11]

El correspondiente problema literario era doble: «armonizar las ideas dispares que recorrían su mente»; y reconciliar «las voces discordantes que sonaban en su conciencia». Para Berkowitz estas «ideas» y «voces» se concentraban en un grupo pequeño de escritores influyentes en Galdós: «Personajes de una profunda significación humana - Balzac. Descripciones que rivalizaban con la realidad - Dickens. Una serena compasión humana, templada por un poco de ironía - Cervantes. El pueblo vivaz, abigarrado - Ramón de la Cruz. Madrid enorme, variado, locuaz - Mesonero Romanos». Desde otra perspectiva Casalduero, que admite la influencia en Galdós del krausismo alemán a través de Francisco Giner de los Ríos (1839-1915), pone más énfasis en otras figuras literarias sin hacer mucho más que Berkowitz: mencionarlas.[12] Para Casalduero «Dickens, Balzac, Zola, y especialmente Cervantes, forman el fondo sobre el cual se destaca la obra de Galdós». En otras palabras, Casalduero afirma que los problemas y técnicas socio-literarias galdosianas se comprenden mejor en función de estos autores. Por ejemplo, Cervantes transmite a Galdós «la forma irónica para captar un personaje y plantearse un problema o concebir un conflicto»; además Cervantes «le guía en el estudio del complejo de la cristalización de la cultura española». Según Casalduero Galdós complementa su cultura propiamente literaria en lecturas más filosóficas: obras de Comte, Taine, Hegel y Shopenhauer, donde adquiere «un concepto de la historia y de la vida». Ricardo Gullón también sitúa a Galdós «en el gran panorama del siglo XIX» en la creencia de poder entender mejor su significación. Después de contrastar los límites de varios novelistas españoles (Alarcón, Pereda, Pardo Bazán, «Clarín» y Valera) en relación con Galdós, y, explícita e implícitamente, con los grandes europeos de la novela decimonónica, don Ricardo dedica un capítulo de su *Galdós, novelista moderno* a instalar a Galdós en la compañía de Balzac, Dickens, Dostoyevski y Cervantes. Comparte la orientación no española de Casalduero y explica los puntos de contacto y divergencia entre don Benito y sus colegas europeos para hacer resaltar

mejor la «verdadera estatura» del novelista canario.[13] Finalmente, José F. Montesinos, el crítico que en su día más estu-
dió la literatura del siglo XIX en España, está de acuerdo
con Berkowitz, Casalduero y Gullón, añadiendo a la lista común de autores influyentes en Galdós el cuentista alemán
E. T. A. Hoffman, Quevedo, Vélez de Guevara y algunos
otros.[14]

A estos intentos de recrear o sugerir el contexto literario
del aprendizaje madrileño de Galdós, se podrían agregar otros
semejantes. Pero creo más interesante estudiar pausadamente
la contribución reciente del profesor Stephen Gilman a la
tendencia, que acabamos de anotar, de considerar la creación
galdosiana como una especie de injerto literario cuya vitalidad
se debe principalmente al patrón de la novela de Balzac,
Dickens, Zola, etc. En *Galdós y el arte de la novela europea*
(1867-1887) Gilman varía un poco el enfoque desde el cual
los otros críticos investigan las contribuciones europeas a la
obra galdosiana.[15] Mientras la crítica anterior se interesaba
más por esta obra en sí y citaba a los autores europeos sin
estudiar profundamente su aportación al novelista español,
Gilman sólo concibe a Galdós como interlocutor en un gran
diálogo de maestros de la novela. Para Gilman don Benito
es «el primer novelista español auténticamente decimonónico» por haber sido el primero en incorporar la conciencia histórica de la gran novela europea a la novela española.[16]

Esta nueva conciencia considera sinónimos los términos
«historia», «biografía» y «novela» en el sigiuente sentido.[17]
Para Walter Scott (1771-1832), Honoré de Balzac (1799-
1850), Víctor Hugo (1802-1885), Charles Dickens (1812-
1870), Leo Tolstoy (1828-1910), etc., «un país no sólo tiene
una historia. Es una historia».[18] Esta historia, pues, llega a
ser «una forma de experiencia personal» cuando el ritmo de
cambio socio-histórico, acelerado a partir de la revolución
francesa de 1789, se deja sentir en las preocupaciones y conflictos diarios y característicos de los personajes, representantes y protagonistas de su tiempo.[19] La novela, frente a esta
situación, narra las biografías de estos seres literario-históri-

cos. Una vez adoptada esta visión del mundo se crea lo que
Gilman denomina «una conciencia novelística», o sea, un
mundo de novelas que los lectores viven como un mundo
real.[20] Por lo tanto *La comedia humana* balzaquiana (1829-
1850), la serie Rougon-Macquart (1871-1893) de Zola, y las
novelas contemporáneas (1876-1915) y los *Episodios Nacionales* (1873-1879, 1898-1900, 1902-1912) de Galdós se convierten en el mundo real para novelistas y lectores. Sin embargo, según el análisis de Gilman, este mundo real no es
«el real»; se llega a conocer a los personajes y los ambientes
de Balzac, Zola y Galdós más por la reaparición sistemática
de los mismos que por su referencia al mundo en el cual los
lectores y los novelistas tienen que nacer, ganarse la vida y
morir - el verdadero mundo real.[21] Limitándonos a la obra
galdosiana, recordamos la vida de Felipe Centeno en *Marianela* (1878), *La familia de León Roch* (1879), *El doctor Centeno* (1883) y *Tormento* (1884); la de Francisco Torquemada
de cinco novelas galdosianas, no incluyendo las cuatro dedi-
cadas a su vida y milagros (1889, 1893-1895); la de Ido del
Sagrario de *El doctor Centeno, Tormento, Lo prohibido*
(1885), *Fortunata y Jacinta* (1886-1887), etc. Viendo y conociendo a estos personajes desde múltiples perspectivas, el
novelista y sus lectores creen en ellos; y si se ponen a reflexionar, ven una novela/historia/biografía difícilmente re-
ducible a sus respectivos elementos novelescos, históricos y
biográficos.

En vista de este proceso, que acumula fuerza a lo largo
del siglo XIX y a medida que la tradición que representa se
prolonga, Gilman tiene en cuenta cuatro factores al trazar
la trayectoria novelesca del Galdós principiante de *La Fontana de Oro* (1867-1868) al de su obra culminante, *Fortunata
y Jacinta*. A saber: «(1) lo que los personajes dicen que han
leído; (2) lo que el autor revela, implícita y explícitamente,
de sus lecturas; (3) lo que él cree que los autores a quienes
él ha leído han leído; y, (4) lo que espera que nosotros hayamos leído, sin que importe que lo hayamos hecho».[22] Para
Gilman estos cuatro factores constituyen la tradición «cer-

vantina» en la cual la novela española se injerta al entrar Galdós en diálogo con sus representantes europeos a partir de *La Fontana de Oro*.

Con respecto a Berkowitz, Casalduero, Gullón y Montesinos, Gilman ofrece la explicación más completa de un postulado compartido por todos. Galdós, para ellos, se aprovecha muy poco de la literatura española decimonónica al crear su obra. En su lugar don Benito se entronca en una tradición cervantina adaptada a las exigencias del siglo XIX por varias promociones de novelistas europeos muy distinguidos. Se supone que, por desgracia, nuestro autor no tiene otra posibilidad por encontrarse la literatura nacional a tan bajo nivel en los años de su formación literaria. No obstante, por lo que hemos visto de los ensayos galdosianos de 1870-1871, y por lo que explican de la teoría socio-literaria de Galdós, nos vemos obligados a emprender un trabajo que hasta ahora no se ha efectuado: intentar identificar y describir detalladamente la tradición literaria *española* a que Galdós se refiere en «Don Ramón de la Cruz y su época» y en «Observaciones sobre la novela contemporánea en España». Hasta llevar a cabo este proyecto, sólo se puede afirmar que nos proponemos completar nuestra comprensión del mundo de Galdós, creyendo necesario contemplar el panorama literario del joven Galdós desde algo que se aproxime a su punto de vista.

3.

En otros lugares he intentado identificar las diferentes facetas de la tradición socio-literaria española que, en mi opinión, corresponden al centrismo geográfico y a la política liberal del Galdós de 1862 a 1871, el período entre su llegada a Madrid y la formulación de la estética socio-mimética de «Don Ramón» y «Observaciones».[23] Ahora quisiera poder sintetizar estos trabajos parciales, añadiendo nuevos materiales donde me parezca necesario, para entender mejor las bases del mundo galdosiano y, si es posible, contribuir a la reinterpretación literaria del siglo XIX español que hace años preocupa a la crítica.[24]

Galdós cuenta en *Memorias de un desmemoriado* (1916) que sus padres lo «mandaron a Madrid a estudiar Derecho», pero que él se «distingui[ó] por los frecuentes novillos que hacía» en lugar de asistir a las clases universitarias.[25] Le atraía más la literatura. Empezó a colaborar en varios periódicos y revistas madrileñas, leía mucho, y ensayaba dramas y obras narrativas.[26] Desde los últimos años del bachillerato en Las Palmas, Galdós ya escribía. Berkowitz describe estos años extensamente, pero aquí debemos recordar que antes de 1871 Galdós cultiva, con más o menos éxito, todos los más importantes géneros creativos y críticos:[27] «El pollo» y «El teatro nuevo», escritos entre 1861 y 1862, son graciosos versos satíricos sobre tipos y sucesos de la actualidad canaria de aquel entonces; *Quien mal hace, bien no espere* (1861) es un mal drama histórico-romántico en verso, y *Un joven de provecho* (¿1867?) es una pasable comedia de costumbres madrileñas; «Un viaje redondo» (1861) y «La conjuración de las palabras» (1868) son dos cuentos fantásticos muy diferentes entre sí, y «Una industria que vive de la muerte» (1865) es un cuento realista contemporáneo; *La sombra* (¿1866-1867?) es una sorprendente novela psicológica; y *La Fontana de Oro* (1867-1868), primera novela publicada de Galdós en 1870, es una buena novela histórica de la España de 1821.

Desde nuestra perspectiva de hoy ya en esos años se ven realizados en mayor o menor grado todos los motivos fundamentales de la obra galdosiana: la detallada observación de la sociedad española contemporánea («El pollo», «Una industria que vive de la muerte», *Un joven de provecho, La sombra*); la búsqueda del sentido del pasado histórico español (*La Fontana de Oro);* la maestría en la construcción verosímil del ser psicológico de un personaje complejo (Anselmo de *La sombra* y doña Paulita de *La Fontana de Oro*); la exposición crítica, simultáneamente comprensiva e irónica, de la imaginación que pierde contacto con la realidad (*La sombra*). Sin embargo Galdós no está seguro de su misión literaria entre 1862 y 1869. Muy pronto deja de escribir versos, y sus comedias no se estrenan. *La sombra* y *La Fontana de Oro* sólo se editan cuatro años después de terminadas.[28] El joven escritor demuestra su talento en los años sesenta, pero hasta 1870-1871, como novelista que ha logrado publicar y con la estética socio-mimética explicada en «Don Ramón» y «Observaciones», no sabe cuál podrá ser su particular contribución a la literatura nacional. Lo que nos interesa, pues, es averiguar el proceso por el cual pasó el joven escritor para concretar su vocación creadora.

Cuando la crítica cita a Cervantes, Balzac, Dickens, Zola, etc., como los escritores inspiradores de la obra galdosiana, se olvida de una parte muy importante de «Observaciones». Galdós dice que Mesonero, Fernán Caballero y Pereda, no sirven como modelos literarios para la novela de costumbres que, según Galdós, es el género reclamado por el momento histórico en España. Las obras de estos autores nacionales son perfectas como muestras de fiel observación y traslado exacto de la sociedad a la literatura, pero no presentan el sector de la vida nacional que Galdós considera la clave de la situación literaria y política. Recordando las razones galdosianas, expuestas en la primera parte del presente libro, ¿no parece contradictorio que el propio Cervantes y una pléyade de novelistas extranjeros, hombres de otros tiempos y países, llegaran a orientar un proyecto novelesco como el galdosiano cuando Mesonero, Fernán Caballero y Pereda quedaban excluidos? Durante la década de los sesenta Galdós demuestra su dominio de las técnicas principales que despliega en su obra madura; lo que le falta es una idea de conjunto que pueda organizar sus esfuerzos hacia una meta, hacia la creación de un mundo propiamente suyo. Y aunque nos parece hoy tan chocante que unas obras de Ventura Ruiz Aguilera puedan haber servido a Galdós como inspiración en una empresa tan importante, tenemos que ser consecuentes: si vemos en «Observaciones» un programa novelístico galdosiano, y si ese programa se inspira en la lectura de los *Proverbios* de

Ruiz Aguilera, ¿no nos incumbe examinar muy detalladamente a Aguilera, su obra y su relación con Galdós? Una primera atención a este tema, nos descubre que Galdós escribe
cuatro artículos sobre Aguilera (el primero fechado el 9 de
enero de 1868), que es amigo de Aguilera desde finales de
1867, que en los años sesenta don Ventura es una figura
literaria de categoría, y que el joven Galdós es un muchacho
prometedor en busca de una novelística. Por lo tanto nos
toca investigar hasta qué punto es significativo Aguilera en
la elaboración de la novela de costumbres contemporáneas
y urbanas, la novela nacional cuya creación convierte a Galdós de ser otro literato más a ser, con Cervantes, novelista
máximo de las letras españolas.

4.

Antes de profundizar en la relación Galdós-Aguilera, conviene conocer un poco la persona y obra de Ruiz Aguilera,
nacido en Salamanca veintitrés años antes de Galdós en Las
Palmas. Lo que sabemos de don Ventura se encuentra más
fácilmente en los muchos prólogos y notas que escribió para
los tres tomos de sus obras líricas completas en 1873. De
especial interés es su retrato del ambiente en que se crió:

> Recuerdo... aquellos primeros años de mi vida, en
> que la famosa ciudad [Salamanca], con el restableci-
> miento del régimen constitucional y la revolución en
> la ciencia, en las letras y en las artes, hecha por el
> romanticismo, parecía despertar de un sueño de si-
> glos. Existían allí entonces, además de innumerables
> tertulias, dos liceos; uno de ellos brillantísimo, ins-
> talado... en el soberbio palacio de Monterey...

Para Aguilera es raro que el teatro no recibiera tanta atención pública como las otras artes y que las representaciones
dramáticas tuvieran que tener lugar principalmente en casas
particulares. Sin embargo, son de notar los autores cuyas

obras se ponían en escena y la importancia que Aguilera da al hecho:

> [en la casa] del escribano D. José Gallego, representábanse, ya el *Otelo* y otros dramas de Shakespeare, que la corte aún rechazaba como creaciones semibárbaras, ya comedias de Moratín, con sainetes de D. Ramón de la Cruz, por fin de fiesta. Prueba lo dicho, no sólo el gran movimiento artístico-literario que reanimaba a la ciudad del Tormes, sino también el buen sentido que presidía a la elección de las obras que iban formando su nueva cultura estética.[29]

Don Ventura, pues, se ve como hijo de una ciudad que figura en la vanguardia estética de una España que experimenta dos revoluciones: una política, la otra cultural. La sustitución del absolutismo del rey Fernando VII (1784-1833) por un régimen constitucional ocurre durante la década que sigue a la muerte del rey. La gran labor política de la época fue la Constitución de 1837, continuación de la de Cádiz de 1812. Se proclamaba la soberanía de la Nación bajo una ley escrita. Pero con la caída del regente liberal Baldomero Espartero (1793-1879) en 1843, y la ascendencia de Ramón María Narváez (1800-1868) en la corte de Isabel II, se inició la década llamada «moderada», un período de reacción que produjo la Constitución de 1845. Esta reforzó el poder real y debilitó al máximo el principio de soberanía nacional; en sus puntos fundamentales esta constitución siguió vigente hasta la revolución en que Galdós y Aguilera pusieron tanta esperanza —la de 1868— y que produjo por su parte la Constitución liberal de 1869.

Aguilera empezó su vida madrileña en 1844.[30] Colaboró en la prensa liberal y no tardó en publicar sus primeros versos. Para 1848 Aguilera excede los límites permitidos a los liberales —llamados entonces «progresistas»— por Narváez, y sufre un mes de prisión en Madrid seguido por un exilio en Castellón de la Plana por haber tomado parte en una de las principales manifestaciones españolas de la Revolución europea de 1848 en Madrid: el motín del regimiento Es-

paña el 9 de mayo.[31] En el destierro escribió con Agustín
Mendía un largo estudio titulado *Europa marcha* (1848).[32]
Los autores ponen de relieve el progreso social, político e
histórico de Europa que, desde su perspectiva de 1848, culmina en las múltiples demostraciones de dicho año en Suiza,
Italia, Francia, Alemania e Irlanda. Y, en este contexto,
Aguilera analiza las necesidades y reformas que hacen falta
en España para que el país pueda sumarse a la gran labor
colectiva de asegurar la libertad del hombre por medio del
trabajo y la soberanía popular.

A pesar de la mala suerte del destierro, Aguilera cuenta con «la más generosa protección y fraternal afecto» del poeta Campoamor, jefe político entonces de Castellón de la Plana.[33] Aunque de simpatías moderadas, Campoamor hace que
Aguilera y Mendía se puedan trasladar a Alicante cuando «el
insigne poeta de las *Doloras*» es destinado como gobernador
civil a aquella provincia durante el segundo semestre de
1848. En Alicante Aguilera publica las primeras dos ediciones, las dos de 1849, de la colección de versos *Ecos nacionales*.[34]

Los *Ecos* son la obra por la cual Aguilera es más conocido, y el crítico Hinterhäuser ve en ella un posible precedente
a los *Episodios nacionales* de Galdós.[35] En términos generales
comparto la opinión del distinguido hispanista alemán, pero
creo necesario estudiar no sólo los versos que componen los
Ecos, sino también la serie de prólogos, de 1849, 1854 y
1873, que encabezan las ediciones sucesivas. Creo que Aguilera presenta claramente a partir de 1849 una estética socio-
mimética única en la España de 1850 a 1870, y que Galdós
la aprovecha en 1870-1871 para orientar su propia actividad
creativa. Para comprender mejor a Aguilera, y a Galdós, puede ser importante repasar brevemente la tradición literaria a
que se asocia Aguilera. De esta manera comprenderemos mejor la orientación nacional de su poesía y su prosa, y empe-
zaremos a ver que a través de Aguilera Galdós encontró un
criterio socio-literario que produjo «Don Ramón» y, especialmente, que resumió y aclaró para el joven Galdós más de

ochenta años de reciente historia literaria española. Recordando el sentido orteguiano, más o menos sinónimo, de las palabras «estilo», «época» y «perspectiva», estamos afirmando una posibilidad: en su obra creativa y crítica Aguilera creó una manera de ver a España y de transformar esta visión en un arte literario; el descubrimiento de este «mundo» por Galdós hizo cuajar su propia vocación literaria, dejándole empezar donde Aguilera y la tradición que encarna llegaron, y de la que partió Galdós para coronar en su obra los esfuerzos de una serie de escritores nacionales que no lograron crear como don Benito.

5.

Varios factores del ambiente literario del joven Aguilera merecen especial atención. En primer lugar se destaca el familiar: Aguilera creció en una casa culta. Algunas de las representaciones teatrales de Shakespeare, Cruz y Moratín que Aguilera menciona, en el citado retrato autobiográfico, como base de la «nueva cultura estética» tuvieron lugar en las tertulias de su casa paterna.[36] Estos autores, pues, tenían que penetrar de manera muy particular en el espíritu del joven, creando así un gusto y orientación literarios que eran nacionales y europeos, populares y refinados. El ambiente romántico en que Aguilera conoce el mundo de las letras es el que Peers llama ecléctico: acepta el clasicismo estilístico y formal de un Moratín al mismo tiempo que la aspiración romántica hacia una literatura de marcada índole nacional, representada en España por los sainetes de D. Ramón de la Cruz;[37] poner en escena a Shakespeare significa la búsqueda típica del romanticismo alemán e inglés de una literatura esencial de profundidad y verdad humana que fuera al mismo tiempo nacional.

En 1866, con motivo de la vuelta a España del gran poeta del romanticismo español, José Zorrilla (1817-1893), Aguilera recuerda en verso una faceta fundamental de su biografía literaria. Don Ventura reconoce en las obras de Zorrilla sobre historia española medieval y renacentista una inspiración para llegar a ser poeta nacional y popular; él pretende continuar la tradición que Zorrilla adoptó, popularizó y avanzó: la del *Romancero.*[38] La España de Zorrilla y Aguilera está en franca decadencia, pero éste espera que la recreación, «Con rasgos de fuego», de la «historia de nuestra raza» sea eficaz en la creación de una España mejor. La obra de Zorrilla crea un «ideal», una «leyenda», de la cual, según Aguilera, «saldrá la joven leyenda», una «ley, de progreso prenda:/Tras cada siglo que cae,/El naciente siglo trae/También su ideal, su ofrenda». Como veremos con más detalle, el propósito de *Ecos nacionales,* la primera colección de versos de Aguilera, era algo así como crear un ideal propiamente decimonónico para España.

Más luz sobre la prosapia literaria de Aguilera se encuentra en una reseña de los *Ecos* por el crítico granadino J. Jiménez Serrano en julio de 1849.[39] Según éste la poesía española «distínguese de las demás [poesías] de Europa por su giro eminentemente nacional», por el «patriotismo» de los romances y «las comedias de nuestro teatro antiguo», o sea de Lope, Calderón, etc. Serrano afirma que los poetas españoles del siglo XVIII «olvidaron... las glorias españolas» para escribir en su lugar «pálidas imitaciones francesas, griegas o latinas». Con Quintana (1772-1857) esta situación dio señales de cambiar; pero son «los *románticos,* tan injustamente despreciados [en 1849]... los que más han hecho por nuestra poesía». Zorrilla, Rivas (1791-1865) y Espronceda (1808-1842) «han resucitado», según Serrano, «el giro y la forma de nuestra poesía propia». Para el crítico granadino Aguilera se suma a estos tres poetas por su concepción nacional de la poesía y les supera a todos por saber escribir mejor que ellos «en ese lenguaje sencillo y mágico de nuestro pueblo español», el lenguaje, pues, de los mejores poetas de los romances antiguos.

Otro crítico, también amigo y colaborador de Aguilera, es Francisco Zea (¿1827?-1857). Su importancia para nosotros es su clarificación de la situación literaria en que los elogios y observaciones de Serrano tienen lugar.[40] Una consecuencia negativa del romanticismo que condujo al «injusto» desprecio del movimiento era la explosión de poetas que eran «fingidos cisnes», pero que se revelaban «reales y verdaderos grajos» en sus obras. La inspiración romántica había desaparecido y el amaneramiento correspondiente había ocupado su puesto. Aguilera seguía, de manera genuina, la inspiración nacional del romanticismo en su poesía cuando escaseaban voces literarias no amaneradas. En 1849 Espronceda había muerto, Rivas es más político que poeta, y Zorrilla está al borde de un período de residencias en el extranjero, entre Francia (1850-1855) y México (1855-1866).

Recordando el Galdós de «Don Ramón» y «Observaciones», las críticas de Serrano y Zea representan un reconocimiento anterior, pero complementario de Aguilera como poeta excepcional en su día. El nacionalismo de su obra no era meramente histórico. Representaba la continuación verdadera del *Romancero* y el teatro antiguo por su intento de crear una poesía contemporánea para España que incorporara las necesidades y manifestaciones socio-históricas características de la época en que vivía su autor. Nosotros hoy podemos tener reparos frente a tales afirmaciones, pero lo importante es reconocer que Aguilera se vio a sí mismo bajo esta luz y que iba acompañado en esto por Galdós, Serrano, Zea y otros, a quienes citaremos a continuación.

6.

La teoría literaria de Aguilera, como la de Galdós, se elabora en función de un fin práctico: comprender y clarificar los fines de su obra y los principios que la rigen. En el mencionado prólogo a los *Ecos nacionales* de 1849, Aguilera anuncia el postulado fundamental de su crear; es lo que hoy llamaríamos «literatura comprometida», sin que se deba entender este término en un sentido muy estrecho. Para el Agui-

lera de 1849 la gran y básica transición social y política del
antiguo régimen a la democracia implica cambios culturales:
«toda poesía, toda literatura, debe sufrir una transformación
en armonía con las transformaciones que se verifican en los
pueblos del antiguo continente, que son los que caminan
a la cabeza del progreso humano».[41] Para crear este tipo de
literatura el poeta tiene que «estudiar el espíritu del siglo»;
y esto equivale a «conocer la sociedad en que vive; investigar qué vicios la corroen y qué virtudes la honran; examinar la justicia o injusticia de las aspiraciones que se manifiestan ahora más que nunca». El resultado del estudio de
estos factores y elementos que son el todo social debe ser
«un traslado exacto de la fisonomía del pueblo, del gran
carácter social... la copiosa fuente de donde los poetas deben
tomar sus inspiraciones». Parece que Galdós, sin recurrir
a ningún otro autor, debía haber encontrado las ideas motri-
ces de «Observaciones» —reseña de los *Proverbios*— en este
prólogo. Muy interesante es, pues, que Aguilera, como veremos, considere dichos *Proverbios* la continuación de los
Ecos, y que Galdós en la reseña de otro libro de Aguilera
demuestre conocer bien los *Ecos.*[42]

A continuación de los postulados de su obra, Aguilera
explica la razón del título de la colección, *Ecos nacionales.*
Advirtiendo al lector la «desconfianza en sus propias fuerzas»
que experimenta al proponerse el proyecto de hacer el traslado socio-literario de la nueva sociedad decimonónica, Aguilera dice que «casi todas las composiciones [de *Ecos*] son...
la voz, el *eco* de necesidades, sentimientos, intereses y recuerdos nacionales». En otras palabras los *Ecos* son una versión nacional de la poesía que el siglo impone a toda Europa;
recuerdan el pasado para hacerse mejor eco del presente que
es su razón de ser. Aguilera desea que esta clase de obra pe-
netre «en el círculo de la clase media, en el taller del artesa-
no y en la choza del labriego»; el poeta se compromete a dar
expresión a la historia, a «los adelantos científicos, económicos, mercantiles e industriales; y por último, [a] las reformas que reclama el porvenir de las clases todas». De esta

manera el poeta tendrá «una misión en adelante más útil, más elevada», y, por consiguiente, «ejercerá una influencia mayor y más directa que hasta el día en las sociedades». Aguilera no sólo explica los fundamentos de «Observaciones» y «Don Ramón», sino también da una importancia a la misión del poeta que Galdós acepta plenamente.

El último detalle de interés en este prólogo es muy significativo para comprender las ideas galdosianas sobre los géneros literarios. Para «la forma de gran parte de los *Ecos Nacionales*» Aguilera eligió «la dramática» por «comunicar [como ninguna] el alma, el movimiento y los contrastes de la vida nacional a los pequeños cuadros en que [pretendía] pintar algunas de sus escenas». En los ecos «*dialogados*» Aguilera ve una gran ventaja sobre los narrados: «el drama es la verdad, es el reflejo más fiel de las costumbres sociales, políticas y religiosas, con todas sus conveniencias... colorido... relieve». Sin tener que remontarnos al Galdós de *Realidad* o al ya estudiado prólogo a *El abuelo,* recuérdese que Galdós siempre vitalizaba las partes narrativas con las dialogadas en sus novelas, y que en *La desheredada* (1881), *El doctor Centeno* (1883), *Tormento* (1884), etc., hay capítulos enteros dialogados. Aguilera mismo llegó a tener cierto éxito como dramaturgo entre 1845 y 1858, pero para nosotros es más importante apreciar que para Galdós y Aguilera las diferencias técnicas y formales entre los géneros literarios no eran absolutas, ni mucho menos.[43] Lo fundamental para los dos era dar una expresión fiel a la visión social que compartían.

Otra muestra —teórica y práctica— de esta visión no formulista aguileriana de los géneros se encuentra en el prólogo y los cuentos y novelas cortas de los *Proverbios ejemplares* de 1864. La primera oración del prólogo dice: «En la obra que hoy presento al público me propongo dar a conocer algunos de los infinitos rasgos que constituyen la fisonomía de nuestro pueblo; en lo cual no hago más que seguir la idea que me inspiró los *Ecos nacionales*».[44] La temática fundamental es, pues, la misma en los *Ecos* y los *Proverbios,* y por lo tanto en lo esencial —desde el punto de vista de Aguilera, y Galdós— coinciden las dos colecciones de obras: la de verso y la de prosa. Sin decirlo explícitamente Aguilera tiende a afirmar que su obra entera es uno de los dos tipos de «epopeya» que se pueden concebir a mediados del siglo XIX. Uno es la novela cuyo modelo sería el *Quijote,* obra que «abrace... la vida de un país, y aún, hasta cierto punto, la vida de la humanidad». El segundo, el aguileriano, es «la epopeya compuesta de obras, ya en prosa, ya en verso, o en una y otro al par... unidas por el lazo de un interés humano, de una idea común, de un pensamiento, hacia el cual converjan todas ellas». En los «*proverbios* o *refranes* y *adagios,* y los *modismos* o *locuciones*» cree ver Aguilera un ejemplo de «una idea común». Estas expresiones son «máximas, preceptos y reglas de conducta» propios de una nación, y constituyen «la sangre, la vida misma, la parte más subjetiva, más personal... de un idioma». Según don Ventura lo nacional, lo que caracteriza a España con respecto al resto de Europa, es su lengua; y ésta es la creación de la convivencia latina, germánica y árabe que produjo la raza española. La «novela» que Aguilera cultiva en los *Proverbios* parte de los refranes y locuciones típicos de la raza para estudiar «en las dos manifestaciones del individuo, la interna y la externa, los fenómenos fisiológicos y psicológicos del ser humano, su personalidad íntima en relación con el medio social en que vive».[45]

Como es de suponer, Aguilera no se atreve a fallar sobre su «novela», sea sólo la parte comprendida por los *Proverbios,* o su obra completa en verso y prosa. Sin embargo, como vio claramente Galdós en su reseña de los *Proverbios* en 1870, don Ventura ofrece los criterios por los cuales se debe evaluar sus creaciones: la obra que puede «cumplidamente satisfacer las exigencias del arte y las necesidades de la época» es la que refleja fielmente la «personalidad íntima [del ser humano] en relación» con el ambiente físico y social en que vive. Anticipando a Galdós en «Don Ramón» y «Observaciones», pero siguiendo al propio Ramón de la Cruz que escribe una defensa de los sainetes en el prólogo a su

Teatro o colección de los saynetes y demás obras dramáticas
de 1786,[46] Aguilera afirma: «Cuando la sociedad contemporánea ha dejado de existir, y con ella las generaciones presentes, las que vengan después» acudirán a novelas de este tipo
por formar ellas «la expresión más completa y más viva de
la civilización» de un determinado momento histórico y en
su encarnación española. Refiriéndose explícitamente a la
obra cuyo prólogo estudiamos, Aguilera especifica los criterios del éxito socio-literario tratado ya en términos generales: «Si en estos *Proverbios,* cuadros de la sociedad española contemporánea, se refleja algo del espíritu que la vivifica»
y «si al exhibirlos [los personajes de los *Proverbios*]... exclama para sí el lector: 'Conozco a esa gente, o por lo menos
la he visto; esa gente vive y bebe y anda, y tropieza uno con
ella a todas horas y en todas partes'... señal es de que he
[Aguilera] acertado».

Otro tema, de la teoría literaria aguileriana, relevante en
la búsqueda galdosiana de una estética que unificara sus esfuerzos creativos en la década 1860-1870 es el de lo verdadero y lo bello en la literatura. Los documentos más significativos son dos. El primero es el prólogo a *Inspiraciones* (1865),
una selección de ecos nacionales y otros versos, y el segundo
es el prólogo de 1867 a *La arcadia moderna,* libro reseñado
por Galdós al cual dedicaremos su merecida atención inmediatamente.[47]

El prólogo a *Inspiraciones* no versa sobre los ecos, por
quedar explicado el propósito de ellos en 1849, sino sobre dos
«idilios humorísticos» que formarán después parte de *La
arcadia moderna.* Aguilera se ríe de las falsas convenciones literarias que hacen a ciertos escritores cultivar géneros como
la poesía bucólica y pastoril, fuera del tiempo histórico que
les corresponde. Los «idilios humorísticos» de *Inspiraciones*
retratan ciertos aspectos de la vida contemporánea en España
en forma burlesca; se presentan una serie de personas, ambientes y acciones crudos, pero revestidos con el lenguaje y
las convenciones de la poesía idílica. La contradicción que
se produce así es la expresión práctica de una teoría agui-

leriana de mucho más alcance que su sencilla aplicación en *Inspiraciones*. La teoría, en la opinión de don Ventura, explica toda literatura que represente «las infinitas oposiciones que reinan entre el ideal subjetivo del artista y la realidad objetiva en que vive». Aunque sólo «de poco tiempo acá ha tomado [la palabra *humorismo*] carta de naturaleza entre nosotros» los españoles, asevera Aguilera, las oposiciones entre lo ideal y lo real que constituyen la base del humorismo se ven en muchos autores: en «la terrible carcajada de Quevedo, la misantropía desconsoladora de Leopardi, los gritos amargos y desgarradores de Espronceda y de Byron, la benévola y simpática sonrisa de Cervantes y de [Jean Paul] Richter, y la melancólica y delicada ironía de Heine».[48] Estos escritores todos reconcilian en su obra «su expresión constante de la realidad de la vida», o sea, su visión de «lo natural, lo sencillo y lo verdadero», con un punto de vista no «escéptico y cínico» que evita al mismo tiempo lo artificioso.

El prólogo a *La arcadia moderna* de 1867 explica como el humorismo que Aguilera ve en los autores citados crea la belleza literaria. Empezando por sus reparos con respecto a la poesía bucólica y pastoril contemporánea, don Ventura afirma que la «Naturaleza» debe ser la inspiración primaria de esta poesía, de toda poesía, y que «la poesía de la Naturaleza, la poesía del campo, es eterna e inagotable en sí misma». Por lo tanto «lo que se agota» no es la naturaleza como inspiración, sino «las maneras [de los poetas] de concebirla y sentirla». En lugar de crear un mundo artificial, el poeta tiene que ver el mundo desde otra perspectiva. Aguilera da el ejemplo de un poeta que quiere describir «una montaña, que contiene en sí... toda la hermosura» y «todas las imperfecciones de lo temporal». Primero forma mentalmente una «imagen de fuera» —una montaña bella—, pero que, como cosa real, no exhibe la perfección que puede existir sólo en la mente. Sin tener que recurrir a traducciones veladas de Virgilio o poblar la montaña con pastores y pastoras enamorados, el poeta aguileriano elimina «los accidentes» contrarios a la hermosura de la montaña (sus «imperfecciones», lo que no contribuye a estimular positivamente al poeta) para «infundir[le] parte de su propio ser». La nueva imagen de la montaña surge cuando el poeta consigue expresar «el estado de su alma» por medio de su revisión de «los fenómenos exteriores» de la montaña. Esta nueva imagen es la creación del poeta y entra «en el mundo del arte como una realidad depurada».

Pero el artista no sólo observa cosas, sino también a las personas y usos de su entorno social. Como hace con la montaña del ejemplo, el poeta puede potenciar artísticamente el traslado que realiza de la sociedad, parte humana de la naturaleza. Cuando las virtudes del hombre y de la sociedad se ven postergadas por sus vicios, puede existir una «repugnancia o antinomia» entre «el ideal subjetivo» del poeta y «la realidad objetiva en que vive» o que experimenta. El humorismo constituye una posible contestación artística a esta situación. Pero, a «la terrible carcajada de Quevedo» o «la misantropía desconsoladora de Leopardi», dos reacciones humorísticas frente a las contradicciones entre lo ideal y lo real, Aguilera, como afirma Galdós en «Observaciones» (*Ens.,* 125), prefiere el «castigat ridendo» de «la benévola y simpática risa de Cervantes». El humorismo permite la belleza donde sería muy fácil entregarse al escepticismo y cinismo por una parte, o al cultivo de lo artificioso por la otra. Para entender al Galdós del discurso de ingreso en la Real Academia en 1897, creo que debemos tener presente esta teoría aguileriana que relaciona lo bello y lo humorístico. De esta manera se puede comprender a Galdós cuando habla del «perfecto fiel de balanza» que «debe existir... entre la exactitud y la belleza de la reproducción» de «los caracteres humanos, las pasiones, las debilidades, lo grande y lo pequeño» (*Ens.,* 175-176). Y, en especial, podemos comprender mejor el principio estético que guió a Galdós durante las dos décadas de su cultivo de la novela de costumbres españolas contemporáneas. En la teoría y práctica literarias de Aguilera el joven Galdós reconoció un modelo para su propia obra de retratar las hermosuras (las virtudes) y las imperfecciones (los vicios) de la sociedad madrileña: una labor de observación fiel templada por el humorismo.[49]

7.

Como sabemos por nuestro estudio de la teoría literaria galdosiana de 1870-1885, y de la aguileriana de mediados del siglo, lo que se llama generalmente el realismo —con todas las inexactitudes que el término trae consigo— era la base de su obra. Nosotros hemos preferido hablar de una literatura socio-mimética, en lugar de realista por dos razones. En el contexto de la literatura decimonónica, el realismo y la novela están tan compenetrados que pensar en uno equivale a pensar en el otro. Sin embargo el «realismo» que sirve de foco a la literatura de Galdós y Aguilera no se limita a la novela, incluye al sainetero Ramón de la Cruz. Dado que éste murió en 1794, cincuenta y cinco años antes de escribir Aguilera el prólogo a los *Ecos nacionales,* y tres cuartos de siglo antes de la publicación de «Observaciones», «primer» manifiesto «realista» en España,[50] el término «socio-mimético» tiene la ventaja de estar libre de la ambigüedad del término «realista», cargado de dilatadas críticas, y, especialmente, nos ayuda a identificar mejor los elementos característicos de los sainetes, los *Proverbios* y las novelas españolas contemporáneas.

Para completar la historia de la tradición socio-mimética *española* que —parece ya fuera de duda— influye tan fundamentalmente en el joven Galdós, es necesario detallar brevemente los eslabones generacionales que unen a Aguilera y Galdós con la literatura nacional entre ellos y Cruz. Hemos visto de esta tradición las raíces románticas aguilerianas en la poesía histórico-nacional de Rivas, Espronceda y, en particular, de Zorrilla. Ahora tenemos que recrear el ambiente en que florecían estos poetas y, al mismo tiempo, otro grupo de escritores —críticos y ensayistas principalmente— que empezaron a dar a la escuela histórico-nacional una nueva orientación contemporáneo-nacional.

Al intentar identificar los postulados comunes a Galdós y Aguilera en esta parte del presente libro, o de relacionar la obra de Aguilera y la de Cruz con el Galdós de 1870-71 en la parte anterior, vamos en contra de tres corrientes críticas poderosísimas que merecen nuestra atención por formar una especie de muralla invisible entre nosotros y la tradición socio-mimética nacional. La primera corriente, representada tan brillantemente por Stephen Gilman, conceptúa a Galdós como literato de formación y estatura más europea que española. La segunda data, como mínimo, desde Aristóteles y mantiene plena vigencia hoy. Esta corriente, que combatió Galdós en los prólogos ya estudiados de *El abuelo* y de *Casandra,* y que Aguilera no respetó tampoco en la práctica, sólo toma en serio las líneas de fuerza o de generalogía literaria que se transmiten a través de los tres principales géneros literarios: la poesía, el teatro y la novela. Por consiguiente, hasta hoy se producen comunmente historias de la novela, de la lírica, del teatro, o historias de movimientos literarios de organización tripartita. Recordando que hay excepciones parciales a esta práctica generalizada, creo necesario declarar que, en mi opinión, seguir este método rutinariamente sólo puede encañonar nuestra visión de los panoramas literarios; éstos suelen ser demasiado ricos y variados para que sus sistemas de relaciones cedan a un solo enfoque analítico. En este sentido el padre Blanco García (1891), Díez-Echarri y Roca Franquesa (1960), Blanco Aguinaga, Rodríguez Puértolas y Zavala (1978), la plantilla de Díez Borque (1980), y Alborg (1966-1980), a pesar de las premisas e ideologías religiosas y sociales tan diferentes que rigen en sus respectivas historias de la literatura española, no ofrecen novedades metodológicas.

La tercera corriente crítica de la cual nos queremos separar por ahora es la menos fuerte, pero la que sigue siendo la base de unos malentendidos importantes respecto a las ideas literarias en España entre 1800 y 1850 aproximadamente. Me refiero a un concepto demasiado rígido del romanticismo español. Convencionalmente el movimiento empieza con los estrenos en 1834 de *La conjuración de Venecia,* de Martínez de la Rosa (1787-1862), y de *Don Alvaro,* de Rivas, y aparece su última gran obra en 1844 cuando Zorrilla escribe *Don Juan Tenorio.*[51] El romanticismo que encarnan éstas y otras obras líricas y dramáticas semejantes de la década 1834-1844 se asocian usualmente con el más «romántico» y, por lo general, reconocido de los varios romanticismos: el de «la ruptura del yo con el mundo».[52] El elemento histórico-nacional de estas obras se considera secundario en comparación con su subjetivismo. Sin embargo, como hemos visto, Aguilera y sus críticos, desde la perspectiva de 1848 a 1873, valoraban lo subjetivo menos que lo histórico-nacional. Para 1889 Galdós repite el énfasis aguileriano: «Zorrilla es la encarnación de la poesía española, en lo que tiene de castizo y tradicional; y su inspiración está empapada en las cualidades esenciales del carácter castellano».[53]

Peers, en su monumental *Historia del movimiento romántico español,* narra los hechos del romanticismo subjetivo, analiza por qué no triunfa plenamente, y explica cómo el eclecticismo, punto entre el clasicismo decimoctavo y aquel romanticismo, llega a constituir el elemento fundamental de continuación e innovación en la literatura española de la época.[54] Por mi parte creo ver en este compromiso del eclecticismo el origen de la tradición que preserva el romanticismo histórico-nacional que conduce a Aguilera y a Galdós.

El eclecticismo surge, según Peers, «hacia 1837 aproximadamente»; logra «suscitar el interés de una parte grande y cada vez mayor del público español, adhiriéndose a él, en la teoría o en la práctica, casi todos los autores importantes desde 1840 en adelante».[55] El movimiento carece de jefe, pero «media docena de figuras de vigoroso relieve en los diferentes campos de las letras se señalaban... como exponentes destacados de la nueva corriente».[56] Entre ellos Ramón de Mesonero Romanos tiene un lugar preeminente como fundador y director (1836-1842) de «la primera, más importante y de más larga vida de las revistas eclécticas propiamente dichas: el *Semanario Pintoresco Español*» (1836-1857).[57] De gran interés para nosotros, en el *Semanario* bajo Mesonero, es la posición literaria clave concedida a Ramón de la Cruz en una serie de artículos dedicados a la creación, en primer lugar, de un teatro, y, después, de una novela de costumbres nacionales contemporáneas. Debe constar además que Galdós era dueño y anotador de los tomos del *Semanario* publicados entre 1836 y 1852.[58]

Los escritos sobre el teatro del *Semanario,* sean históricos o analíticos, tienen algo en común, a lo que apunta el título y la primera frase de un ensayo anónimo de 1838, «Reflexiones sobre el teatro y las costumbres actuales»: «Entre los hechos más notables de nuestra época sobresale la contradicción de las costumbres con la literatura».[59] Quizá más que en cualquier otro país de Europa, la necesidad de una literatura nacional impera en la España del primer tercio del siglo XIX. En todo el teatro español desde el Siglo de Oro, solamente los sainetes de Cruz y las cinco comedias de Moratín hijo llegan a satisfacer esta exigencia. En 1841 Juan Eugenio Hartzenbusch (1806-1880) dedica un largo ensayo a don Ramón, sobre todo a los sainetes «que componen [su] verdadero teatro»; ve en Cruz «el primer restaurador de nuestro teatro» por su habilidad de «corregir las costumbres» a través de una copia «al vivo» de «las que eran dignas de censura».[60] El propio Mesonero, en 1842, reconoce la importancia de don Ramón. De gran interés son las semejanzas de su crítica de la estética socio-mimética de Cruz y de Moratín, y de su coincidencia con Hartzenbusch respecto a Cruz. Veamos, pues, cómo Moratín —que formó parte del ambiente literario de la Salamanca del joven Aguilera— llega a figurar en la tradición socio-mimética dentro del eclecticismo; Mesonero afirma:

> Moratín, como filósofo observador, acertó a pintar al hombre de su siglo con tan rara perfección, que el mismo original se admiró al contemplarse en tal espejo: como moralista se atrevió a poner su mano

audaz en los vicios dominantes de su época, la hipocresía, la mala educación, el pedantismo y la vani-
dad; como poeta cómico, supo dar un alto grado de
interés a sus caracteres, crear situaciones interesantes, y disponer de enredos de efecto dramático; y
como hablista supo escribir en el lenguaje más castizo y propio de la comedia.[61]

Moratín es «filósofo observador», «moralista», «poeta cómico» y «hablista» y emplea todos estos talentos para recrear
su época de la misma manera que Cruz y Aguilera en la práctica, lo que los críticos del *Semanario* y el Galdós de «Observaciones» reconocen como la misión de la literatura que a ellos
les interesa. Puede ser que Moratín sea más artista que Cruz
o Aguilera. Pero desde nuestra perspectiva aquí, lo importante no es el arte por el arte, sino la razón de ser de la
creación literaria. Y para todos los artistas y críticos mencionados esta razón de ser es reflejar fielmente la sociedad
contemporánea del autor, en la esperanza de poder corregir
«los vicios dominantes de su época». De notar es el énfasis
de este grupo sobre el habla como parte fundamental de la
literatura que le atrae. Hartzenbusch y Mesonero señalan los
logros de Cruz y Moratín al usar un lenguaje propio de los
personajes y las acciones españolas que desarrollan. Aguilera,
en el prólogo a los *Ecos nacionales,* y sus críticos Serrano
y Zea, llaman la atención sobre el lenguaje hablado de que
se sirve don Ventura, especialmente en los ecos dialogados.
Galdós en «Observaciones» hace mucho hincapié en el «estilo» de los *Proverbios,* en su «preciosísimo tesoro de locuciones populares que vemos con disgusto desaparecer... de nuestro lenguaje literario» (*Ens.,* 126).

Después de tratar a Cruz y Moratín en su ensayo de
1842, Mesonero estudia la «época actual» del teatro español. El mismo criterio socio-mimético aplicado a Cruz y Moratín guía a Mesonero como punto de enfoque al repasar las
producciones numerosas de Bretón de los Herreros (1796-
1873), Gil y Zárate (1793-1861), Rivas, García Gutiérrez

(1813-1884), Zorrilla y Hartzenbusch mismo. «El Curioso Parlante» concluye:

> a pesar de esta fecundidad el teatro moderno español no ofrece aún originalidad ni fijo pensamiento; en medio de tantos bellos cuadros poéticos, históricos y de caracteres privados, creemos que la actual sociedad española está aún por retratar; verdad es que ella misma adolece de aquella falta de originalidad, y lo prueba la facilidad con que consiguen carta de naturaleza en nuestro teatro las producciones de Scribe y demás escritores franceses.[62]

No solamente no copia las costumbres de su época este teatro posterior a Cruz y Moratín, sino que la sociedad misma, por afrancesada y copiona, no parece presentar una faz que se deje retratar fácilmente. (El lector recordará el papel de una situación semejante en los razonamientos de Galdós en «La sociedad presente» de 1897; p. 27 de este libro.)

Coetánea con el diálogo sobre el teatro en el *Semanario* es la discusión sobre la novela. Cuatro son los artículos dedicados a este género entre 1836 y 1842: un ensayo anónimo, «De la novela en general» (1838), una reseña larga y detallada de una reunión del Ateneo en que Gil y Zárate, el Barón de Biguezal, Escario y Martínez de la Rosa presentaron trabajos sobre el tema del «Paralelo entre las modernas novelas históricas y las antiguas historias caballerescas» (1839); «La novela», del propio Mesonero (1839); y, «De la novela moderna», de Bermúdez de Castro (1840). Gran parte de este interés en la novela debe ser consecuencia de dos factores: la incapacidad, comentada como hemos visto por Mesonero, de los dramaturgos españoles en la década 1830-1840 para seguir el ejemplo de Ramón de la Cruz y Moratín en sus épocas respectivas; y el simple hecho de que, en palabras de Bermúdez de Castro (1814-1883), «si el drama ha perdido su influencia, la novela la ha ganado».[63]

Este grupo de críticos está de acuerdo, explícita o implícitamente, al identificar tres subgéneros de la novela. Mesonero y el autor anónimo del artículo de 1838 emplean los

mismos términos para nombrar estas tres clases y coinciden
en cuanto a las materias propias de las mismas. Siguiendo a
Mesonero específicamente, la primera clase comprende las
novelas de caballería, y la segunda consiste en «la pintura
sencilla de los caracteres comunes en la sociedad».[64] Pero como
la novela de caballería degeneró por exagerar sus elementos
maravillosos, también cayó la novela de costumbres en un
gran error: no retrató a «la sociedad tal cual es»; se con-
centró en los extremos sociales que «fueron, por un lado, el
estilo *picaresco,* y, por otro, el estilo *sentimental*». La tercera clase de novela, la histórica de Walter Scott, surgió
como reacción a la decadencia de los otros dos subgéneros;
pero la novela histórica, según Mesonero, tuvo la mala fortuna de no encontrar imitadores tan capacitados para el trabajo como su inventor.

Como Galdós en «Observaciones», Mesonero en «La novela» no se satisface con un análisis del estado en que se
encuentra la novela de sus días. Aunque no tiene a un escritor como Aguilera de posible modelo, Mesonero especifica
claramente sobre la novela que se debe escribir en la España
de 1839:

> La novela... para ser lo que la literatura quiere hoy
> que sea, ha de describir costumbres, ha de desenvol-
> ver pasiones, ha de pintar caracteres; si a estas con-
> diciones generales añade la circunstancia de que las
> costumbres, los caracteres, las pasiones que describa,
> se enlacen naturalmente con los nombres históricos,
> vengan a formar el cuadro general de una época mar-
> cada en la historia de cada país, la novela entonces
> adquiere un valor sumo y reúne las más ventajosas
> condiciones del teatro, de la cátedra y de la histo-
> ria.[65]

Esta novela no es precisamente la de costumbres contemporáneas nacionales y urbanas descrita en «Observaciones». Es
una descripción que se aproxima bastante a la novela de que
escribe Galdós en 1885 cuando, como hemos visto, explica
que las novelas de la segunda serie de *Episodios nacionales*

realizan una fusión de la «novela histórica» con la «novela de costumbres». Al mismo tiempo las novelas españolas contemporáneas galdosianas, sobre todo las de 1879 a 1889, presentan un «enlace natural» entre los personajes y acciones característicos de la época con «los nombres [y acontecimientos] históricos» como telón de fondo.[66]

La última parte de «La novela» merece atención por su manera de enfocar la cuestión de una tradición literaria *nacional* como fuente principal de la obra galdosiana. Para Mesonero es obvio que los «Hugos, y Dumas, Balzac, Sand y Soulié» poseen «ingenio» y buen «estilo»; sus novelas, sin embargo, no deben ser imitadas por los españoles porque retratan a una sociedad cuyos usos son muy diferentes y, a veces, contradictorios a «las costumbres austeras de nuestra patria».[67] Mesonero propone, pues, que «[nosotros los españoles] describamos nuestra sociedad», «estudiemos nuestros propios modelos» y expresemos «nuestras ideas en el armonioso lenguaje de Cervantes». No será por casualidad que Galdós en «Observaciones» sólo habla de escritores nacionales, a pesar de *nuestra* tendencia hoy a considerar su obra en el contexto privilegiado de la novela europea. El joven Galdós se estaba formando dentro de una tradición española que tiene en cuenta la literatura europea sin depender de ella.[68]

El Mesonero crítico tenía, como Aguilera y Galdós, una idea más dinámica de la vida de lo que parecen indicar las referencias a Cervantes y a «las costumbres austeras» españolas. En el artículo sobre el teatro en el *Semanario,* a que nos referimos antes, pero que es del año 42, Mesonero plantea la problemática de cualquier dramaturgo o novelista de la estética socio-mimética: ser artista nacional, sin dejar de hablar al hombre de otros tiempos y lugares. Para reconciliar estas dos metas en su crear, pues, el escritor empieza por la observación cuidadosa de la gente de su país: tiene que «seguir al hombre a la plaza pública, ver allí la lucha de las ambiciones desencadenadas, de los recuerdos que se disipan, de las ilusiones que desaparecen».[69] Si efectúa este proyecto, el artista podrá «apoderarse de las pasiones dominantes» nacionales y humanas. «[L]a plaza pública» es donde, precisamente, las fuerzas de evolución y progreso, lo que Mesonero llama como Aguilera, «la marcha del siglo», entran en conflicto con las de la reacción y el *status quo*.

8.

Cruz, Moratín, Mesonero, Hartzenbusch, el *Semanario Pintoresco Español,* el romanticismo histórico-nacional, Aguilera y, finalmente, Galdós.[70] Sería enfadoso ya rastrear, como todos estos escritores, unidos bajo la bandera de la estética socio-mimética, se consideraban modernos seguidores y continuadores de una tradición netamente española de observación fiel y traslado exacto de la sociedad a la literatura. Esta tradición empieza para ellos a finales del siglo XV con los poemas del *Romancero,* pasa por Cervantes, Lope, Quevedo y Moreto, y termina con Calderón.[71] Para nosotros aquí es más importante afirmar la existencia de la tradición en sí, y de sugerir la necesidad de tener más en cuenta la inspiración nacional del mundo de Galdós, especialmente en sus orígenes, punto hasta ahora bastante marginado por la crítica.[72]

Para dar fin a esta segunda parte del presente libro, creo necesario tratar brevemente dos temas más: el papel del krausismo en Galdós, y un último comentario sobre la estética socio-mimética y Galdós. El krausismo es un movimiento filosófico español que no tiene equivalente fuera del país. Se cree generalmente que se basa en la interpretación por el soriano Julián Sanz del Río (1814-1869) de la obra del alemán Karl Christian Friedrich Krause (1781-1832), olvidado filósofo idealista y coetáneo de Hegel. Mandado por Pedro Gómez de la Serna, ministro de la Gobernación, «encargado al mismo tiempo del de Fomento e Instrucción Pública», Sanz se marchó a Alemania en 1843 para «visitar las Universidades de este país y estudiar su literatura y filosofía».[73] Se especula mucho sobre las razones que determinaron la preferencia de Sanz por la filosofía del «oscuro segundón Krause» en lugar del «gigante Hegel».[74] El profesor Elías Díaz rechaza la teoría de «la supuesta incapacidad de Sanz del Río» para explicar su selección de Krause sobre Hegel.[75] Aunque reconoce que «hubiera sido preferible importar a Hegel», Díaz, comprobando afirmaciones del propio Sanz, cree que éste eligió a Krause por coincidencias tales como los «rasgos de misticismo, eticismo... y humanitarismo... característicos de la filosofía krausista» que son los «que, a la vez, se consideran como tradicionalmente españoles».[76] A este acuerdo mutuo se suma otro punto: la «exaltación de lo individual», que es otro elemento fundamental de «filosofía krausista», concuerda perfectamente «no sólo con otro de los rasgos habituales definitorios del carácter español (su individualismo de fondo), sino también —en la medida en que... se opone en definitiva a un decisivo intervencionismo estatal— con las exigencias de la clase social (burguesía liberal progresista) que en la España del siglo XIX iba a coincidir de modo más directo con el ideario krausista».[77]

Según este razonamiento de Díaz, pues, Sanz del Río es siempre el español castizo en su pensar; por lo tanto coincide de antemano con la «crítica central krausista» sobre la «disolución de lo individual, sobre la negación de la persona individual que la filosofía de Hegel... presupone y a la cual... inevitablemente conduce».[78] Para nosotros es interesante el hincapié que Díaz hace sobre la inspiración fundamentalmente nacional del krausismo en España. A pesar de llevar el nombre de un filósofo alemán de segundo o tercer rango a nivel mundial, el krausismo peninsular bajo la dirección de Sanz es un movimiento espiritual español. No debe sorprendernos, pues, que la obra *Ideal de la Humanidad para la vida* (1860), que Sanz anuncia como su traducción del libro principal de Krause (*Urbild der Menschheit*-1811), sea en realidad una adaptación tan libre de Krause como para ser obra original.[79] En vista de estos datos, parece que el filósofo alemán tiene más de «pre-texto» para Sanz que de verdadero origen o punto de partida de su pensar. Cuando Sanz vuelve a España en 1844 después de pasar año y medio en Alemania, precisa diez años de estudio para sentirse intelectualmente preparado para ejercer su cátedra. No necesita tanto tiempo para penetrar el sistema de Krause como para intentar formular el suyo. Más que doctrina Krause y Sanz tienen en común una serie de temas que toman muy en serio y que forman parte de la tradición espiritual y filosófica española de siempre.

El período de máxima influencia krausista en España data de 1854, año en que Sanz se reincorpora a su cátedra en Madrid; acaba cuando la Restauración cobra tanta fuerza como para suprimir el entusiasmo social y político característico de los veinte años de aparente auge liberal en España. La crítica es unánime al fallar que la importancia del krausismo español es como «la manifestación visible de un conjunto de inquietudes y aspiraciones» tan representativo «de un estado de ánimo general [español] para encontrar eco inmediato en espíritus afines»; «su virtud estimulante» merece mucho más atención que su «viabilidad doctrinal» como sistema filosófico.[80] Después de 1874 el krausismo sobrevive principalmente en la labor de Francisco Giner y su fundación, la Institución Libre de Enseñanza.

Galdós simpatiza con el espíritu y los hombres del krausismo. Sin embargo no llega como el «Clarín», que se autorretrata en los cuentos «Zurita» y «Un grabado», a ser filósofo krausista.[81] Don Benito abunda en las mismas esperanzas para España que sus coetáneos Giner y Nicolás Salmerón (1838-1908), los más destacados discípulos de Sanz. Comparte su interés en la pedagogía como el medio más eficaz y seguro para empezar una España nueva.[82] Más típico del Galdós novelista son sus personajes más o menos influidos por el krausismo, y su retrato de la incapacidad que demuestran de desenvolverse con éxito en la vida diaria; Pepe Rey *(Doña Perfecta),* León Roch y el protagonista titular de *El amigo Manso* (1882) son buenos ejemplos de esto.[83] Galdós, pues, analiza la decadencia del krausismo como parte de su recreación de la aventura de la clase media madrileña progresiva, tema principal de la novela anunciada en «Observaciones». No condena al krausismo o a los krausistas nunca; se limita a retratar sus ideales y sus fracasos con la comprensión bondadosa habitual en él.

En vista del panorama krausista y de la postura galdosiana dentro del mismo, ¿qué se puede afirmar de la relación entre ellos? Dado el origen primordialmente nacional del pensamiento de Sanz y de la tradición socio-mimética de Galdós, creo que podemos sugerir lo siguiente: Mesonero (n. 1803), sus colaboradores del *Semanario Pintoresco Español* (en el período 1836-1842), Sanz (n. 1814) y Aguilera (n. 1820) pertenecen todos a un grupo de intelectuales nacionalistas cuya misión era elaborar en España una versión genuinamente española del gran movimiento cultural europeo de su época. De nuevo conviene recordar *Europa marcha,* publicado por Aguilera y Mendía en 1848. Este grupo sabe perfectamente lo que pasa fuera del país, pero su empeño es potenciar los elementos de la tradición y la cultura españolas más aptos para ayudar en la gran labor de regeneración nacional, que empieza con la Guerra de la Independencia (1808-1814). Las generaciones de Galdós, Giner y Salmerón, del '98', de Ortega vienen en pos: son españolísimas; al mismo tiempo tienen una conciencia exacta de la situación nacional en el contexto mundial y poseen todas el deseo de reformar la nación mediante una crítica de lo censurable y una reafirmación de lo meritorio en el carácter del país.[84]

Quizá la mejor manera de terminar esta parte de *El mundo de Galdós* sea repasar brevemente la estética krausista y después compararla con la socio-mimética galdosiana. Para López Morillas, el que más ha estudiado el krausismo y sus manifestaciones literarias, los escritos de Francisco Giner de los Ríos, y de su hermano Hermenegildo (1847-1923), constituyen la base de la estética krausista. A diferencia del joven Galdós («Observaciones»), pero de manera análoga al Galdós maduro («La sociedad presente»), Francisco Giner juzga la década de_1860-1870 en España como de «confusión» en la que «entre un pasado deficiente y un porvenir arcano, el artista se siente desamparado en medio del presente inestable».[85] Por consiguiente el artista literario experimenta una escisión del mundo que le lleva a cultivar la poesía lírica:

> Abandonado a sí mismo, acaba [el artista] por convencerse de que, roto el nexo entre la fantasía y la realidad exterior, la unidad de veras esencial y permanente es la de la propia conciencia. Ahí dentro todo es concierto, acoplamiento, armonía. El mundo de fuera queda, si no suprimido, encerrado al menos entre paréntesis, como algo accesorio, incidental. Pero se dirá, y con razón: No hay arte posible sin objeto, puesto que toda obra de arte es una síntesis del artista y su mundo. ¿Cómo puede el artista prescindir de la realidad exterior, del mundo objetivo? Muy sencillamente: objetivándose a sí mismo, o, lo que viene a ser igual, desubjetivándose en parte, quebrantando la unidad de la propia conciencia, a fin de que en el cisma resultante una fracción represente al sujeto y otra el objeto. De este modo «la imaginación halla al fin su complemento y se complace en la conciencia de su libre imperio sobre un mundo inviolable para todos y que solamente a ella pertenece».[86]

La tradición socio-mimética, principiando en Cruz y llegando al Galdós de 1866 a 1889, nunca «prescind[e] de la realidad exterior» para sustituirla con la objetivación por el poeta de su propia conciencia. Puede criticar la realidad, pero siempre la acepta como la inspiración y medida del éxito de su arte. En el tantas veces citado artículo sobre el teatro, Mesonero termina éste, su última contribución al *Semanario* durante el período en el que es su director, con unas advertencias muy «realistas» sobre la observación y la estructura de la realidad social. Declara que el que mira «cómo se truecan las antiguas costumbres» y «los añejos vicios» los ve sustituidos «por otros nuevos con diversos nombres aunque idénticos en el fondo».[87] El artista que se guía por «las [reglas] eternas de la razón y de la verdad» terminará siempre por «arrancar... esta nueva máscara del ser humano». Vemos la tensión que existe entre literatura de costumbres —sea cuadro, comedia o novela— y literatura «humana», de Mesonero o Galdós. El artista que logre hacer esto ofrecerá al «ser humano... el eterno espejo de la verdad, el espejo de *Cervantes* y *Molière*».

Cervantes y Molière, novela y teatro, costumbres nacionales y verdad humana, verdad humana revelada en las costumbres nacionales; indiferencia esencial de los géneros literarios en el contexto de la estética socio-mimética y en la práctica de sus adherentes. Esta es la tradición socio-estética, nacional y, bien entendida, europea, que produce a Galdós.

PARTE III-1:

EVOLUCION CREATIVA
DEL PENSAMIENTO GALDOSIANO (1866-1878)

El problema que ofrece esta parte de *El mundo de Galdós* es intentar ver cómo la teoría literaria galdosiana (Parte I) y la orientación predominantemente nacional del aprendizaje de Galdós (Parte II) se plasman en estructuras de acción y conflicto entre los personajes. No se pretende explicar todo Galdós, sino identificar y analizar la trayectoria creativa que refleja sus posturas teóricas y que potencia los elementos de su formación; reconstruir, pues, el proceso a través del cual estos factores se integran en un mundo de relaciones y valores propiamente galdosiano.

1.

Según Berkowitz, primer editor de la comedia *Un joven de provecho,* esta obra la escribió Galdós a finales de 1866 o a principios de 1867.[1] Esta creación es la primera obra galdosiana incluida en la edición Aguilar de *Obras completas.* Aunque nunca estrenada, ofrece un doble interés, sobre todo desde la perspectiva del presente libro. Es una comedia de costumbres españolas contemporáneas que tiene lugar entre miembros de la clase media madrileña; además se puede considerar como una refundición y adaptación galdosiana de dos «proverbios» de Aguilera. Se trata de «¿De dónde le vino al garbanzo el pico?» y «Al que escupe al cielo, en la cara le cae». Publicados primeramente en revistas en septiembre de 1865 y junio de 1861 respectivamente, «¿De dónde...?» forma parte de *Proverbios ejemplares* (1864) y «Al que escupe al cielo» de *Proverbios cómicos* (1870).[2]

Un joven de provecho refleja el intento galdosiano, la aspiración durante sus años de aprendizaje, de ser dramaturgo que, de manera indirecta, encuentra eco en el malhadado comediógrafo Alejandro Miquis en *El doctor Centeno*. Como éste, el joven Galdós empezó con asuntos histórico-nacionales en *Quien mal hace bien no espere* (1861) y *La expulsión de los moros* (1864).[3] Con el tiempo y la experiencia Galdós cambió de orientación, y cultivó la comedia de costumbres contemporáneas al escribir *Un joven* y *El hombre fuerte* (1870), obra que tampoco se representó nunca y que sobrevive sólo en una escena del primero de tres actos.[4] Parece que la figura del hombre político del día constituye el lazo temático entre estas comedias y el proverbio «¿De dónde...?» de Aguilera. Para nosotros el gran valor documental de *Un joven* deriva de su estética socio-mimética y de su inspiración en Aguilera. Viene como primera indicación y confirmación creativa de lo que hemos expuesto en las Partes I y II del presente libro: vemos al joven don Benito que intenta hacer literatura de la vida (la clase media madrileña) y de unas versiones socio-miméticas de esa vida («¿De dónde...?» y «Al que escupe»), y que se compromete con su futuro al empezar una obra de costumbres.

El argumento de *Un joven de provecho* se desarrolla en torno a Alejandro, hombre de treinta y seis años que ha hecho una brillante carrera política a base de una supuesta honradez privada y pública. La comedia, en prosa y en cuatro actos, revela la verdad bajo las apariencias engañosas que crea. En realidad Alejandro es «el prototipo de esa inquieta juventud que nos asombra lo mismo por su talento que por su gran corrupción, y que ciega, insensible, desenfrenada, se precipita tras un torpe ideal, ansiosa del poder, porque con el poder lo tiene todo».[5] La gran complicación de la vida de este hombre, a punto de ser nombrado ministro, es la red de envidias, revanchas y odios que provocan sus acciones presentes y pasadas. Un amigo, el periodista Jacinto, que se cree poco premiado por Alejandro para quien ha escrito tantos artículos favorables, es líder de un espionaje cuyo propósito es manchar la reputación de que goza el joven político. Sofía, madre del fogoso Carlos, ayudó a Alejandro en su destierro en Francia, pero se encontró de pronto abandonada por él. Carlos, rico, pretende casarse con Eugenia, su prima por parte de madre, rica heredera. Alejandro también se interesa por Eugenia, y es correspondido por ella. El motivo de Alejandro no es el amor. El padre de Eugenia es marqués y tiene amigos en todas partes; lo más importante es que para ser ministro Alejandro necesita unir su talento con el dinero de ella. En cierto momento, Jacinto y Carlos hacen correr la noticia de que Alejandro recibe a una mujer en su casa, de noche. Aquéllos, fieros ya en su persecución de Alejandro, sólo logran comprometer injustamente la fama de Eugenia. La única manera de salvar a ésta es que Sofía, inocente de cualquier desmán reciente y deseosa de preservar la opinión de Eugenia a los ojos de su hijo Carlos, revele sus relaciones pasadas con Alejandro. Se conserva así la honra de Eugenia y también la del ya odiado Alejandro. Como consecuencia de este acto heroico, Sofía tiene que abandonar el país sin tener el valor de decir personalmente a Carlos la verdad de su vida pasada. *Un joven* ofrece, pues, tres temas principales: la ambición política desmesurada, las falsas apariencias encubridoras del mal, y la fuerza destructiva de la maledicencia.

«¿De dónde le vino al garbanzo el pico?» narra los muchísimos beneficios que, de niño, recibió Próspero Cigarrón de su amigo Fidel Luna, en Málaga. Ocho años más tarde, cuando los dos se encuentran casualmente en la Carrera de San Jerónimo, Próspero aparenta haber olvidado a su amigo y, después de «recordarlo», lo trata fríamente, creyendo que Fidel sigue en la penuria en que había caído años antes por una bancarrota de la cual no era culpable. Próspero no es tan despreciable como el Alejandro galdosiano, pero tiene el mismo carácter. Después de fracasar como poeta, dramaturgo y novelista, reformó sus opiniones políticas para convertirse en periodista ministerial. A los tres años de esta «conversión», Próspero tenía «una plaza de oficial de secretaría, promesa de una dirección general, un asiento en la Cámara *baja* y la gran cruz de Carlos III».[6] Además tiene la pretensión de casarse con Dolores, hija del Marqués Escudo Rojo. El clímax ocurre cuando Próspero va una tarde a la casa del marqués y allí se encuentra con Fidel. Resulta que éste no sólo ha reestablecido su fortuna, sino que presta sumas importantes al marqués —tan necesitado de semejante ayuda como el marqués de *Un joven*. El proverbio termina rápidamente con el retiro de Próspero, que desiste de pretender a Dolores, frente a las revelaciones de Fidel sobre la ingratitud y orígenes bajísimos de aquél. Galdós divide las características principales de Próspero entre su Alejandro y el periodista Jacinto, y se concentra más en la exposición de las maniobras de su joven ambicioso y en las consecuencias de estas acciones. Se debe tener en cuenta también que los jóvenes de Aguilera y Galdós están intentando subir socialmente, y que los dos marqueses respectivos gustan poco de sus personas.[7]

«Al que escupe al cielo en la cara le cae» narra cómo la vieja solterona Angelita lanza un chisme que desbarata el proyecto de matrimonio entre Dolores y el joven y valiente oficial del ejército Robles.[8] Por pura malevolencia Angelita interpreta una marcha de Dolores de Madrid para el campo de tal manera que Policarpo, pretendiente rechazado de Dolores y gran correveidile, pasa la voz de una supuesta infidelidad, y embarazo consiguiente, de Dolores durante la ausencia de Robles en la Guerra de Africa. Después de haberlo creído todos y de haber hecho dudar a Robles, recién vuelto, Angelita cede en el chisme sólo al enterarse de que Dolores, a quien suponía hija de doña Mariana, era en realidad hija suya; Angelita la abandonó dieciocho años antes en Valladolid, a causa de varias complicaciones amorosas, y vivía desde entonces en Madrid dedicada a amargar la existencia de todo el que podía manchar. Angelita tiene que revelar su deshonor para salvar el de su hija, y sufre así el castigo de la maledicencia que reservaba para otro. En *Un joven* Jacinto, otro malcontento, y líder de la conspiración en contra de Alejandro, es sorprendido al final cuando se entera de la identidad verdadera de la mujer cuyas visitas aprovechaba para manchar la reputación del «joven de provecho»: ¡es su propia mujer que le engañaba con Alejandro! Angelita y Jacinto se vuelven víctimas de sus propias maquinaciones.

Sin entrar en un complicado análisis estructural de *Un joven* en relación con los cuentos de Aguilera, parece evidente que la comedia ofrece una correspondencia bastante exacta entre los personajes galdosianos Alejandro, Jacinto, Sofía, Carlos y Eugenia, y los aguilerianos Próspero, Fidel, Angelita, Robles y Dolores, y que los dos marqueses guardan también un parentesco estrecho. No se trata sin embargo de grandes creaciones literarias. Los personajes permanecen al nivel de tipos en cuyos caracteres no llegamos a penetrar. En ese sentido son como personajes de un cuadro de costumbres. Pero, como explica Galdós en «Observaciones», los proverbios —y la comedia que no menciona— son ya pequeños organismos dramáticos que revelan los conflictos que se producen entre los seres y usos típicos de la sociedad española contemporánea (*Ens.,* 124). La «gran novela» que Galdós quiere para España en 1870 será el producto de la apropiación y refundición de estos elementos de los cuentos como los aguilerianos, en la estructura más compleja y amplia de la novela de costumbres (124). En 1866 Galdós, más ilusionado por el teatro que por la narración corta o larga, intenta crear una obra de más envergadura que los proverbios. Hace una síntesis de los elementos temáticos de «¿De dónde...?» y «Al que escupe» en *Un joven,* y de hecho produce una visión más compleja de la clase media madrileña que Aguilera en uno y otro proverbio. No creo que profundice más en los miembros de esa clase y en sus preocupaciones que don Ventura, pero ha empezado a emplear la obra aguileriana para

enfocar y dar forma a la suya en ciernes. Galdós se apropia
de los tipos y costumbres, trabajo siempre difícil según todos
los escritores de la tradición socio-mimética española, por
medio de la observación de Aguilera.[9] El joven Galdós es
como el pintor novel que principia por copiar la obra de los
maestros antes de pintar obras basadas en su propia observación del mundo.[10]

2.

El próximo eslabón en la creación de la novela galdosiana de costumbres sería, en caso de poseerlo, el manuscrito,
aparentemente perdido, del ya mencionado *El hombre fuerte*
(1870). Sin embargo, tenemos, aunque sólo parcialmente,
otro manuscrito de una *novela* — ¡por fin! — de costumbres
de Galdós. Independientemente los profesores Walter T. Pattison y Alan E. Smith encontraron varias partes de una novela que titula el segundo *Rosalía* y que fecha en 1872. Pattison descubrió la primera de las tres partes en el invierno
de 1965-1966, creyendo que se trataba de una versión fallida de *Gloria* (1876-1877), obra que había estudiado antes
con suma maestría.[11] En el otoño de 1979 Smith dio con otros
escritos que interpretó como parte de la obra en que Pattison
sólo veía «una etapa preliminar de *Gloria*».[12]

Juzgando por lo que dicen Pattison y Smith, y por el
gran número y contenido de las páginas que publicó Pattison,
parece que la novela debía haber sido muy otra de lo que fue.
En cierto momento la acción se desplaza de las orillas cantá-
bricas a Madrid; entonces, según Smith, escribe Galdós «su
primera novela contemporánea», o sea su primera novela de
costumbres contemporáneas madrileñas. Pattison, que publicó
su trabajo antes de conocerse la perspectiva de Smith, ve en la
parte de *Rosalía* que publica sólo «el conflicto de religiones»
(entre Rosalía/Gloria y Horacio/Morton) que se pierde a
«la llegada de los protagonistas a Madrid»; aquél se «reem-
plaz[a] por el conflicto entre el amor y el deber filial», por

el amancebamiento y operaciones financieras de Mariano, hermano de Rosalía, y por las acciones de «Pedro Picio, un periodista codicioso, y Carratrapa, un político oportunista».[13] Por su parte Smith afirma que se trata de «una novela fallida» que «ostenta una mezcla de aciertos y tropiezos». A nivel de estructura novelesca *Rosalía,* según Smith, «se halla dividida entre la tradición folletinesca... y el tipo de novela cotidiana que el joven escritor se había propuesto escribir, desembarazada de melodrama». Aunque no lo dice, Smith se referirá a lo que «Observaciones» tiene de programa novelesco cuando escribe «que... se había propuesto escribir».

Si Smith tiene razón, como parece tenerla, en *Rosalía* tenemos un documento precioso para nuestra teoría de la tradición de que proviene la novela galdosiana y de las ideas socio-miméticas que la orientan y que le dan sentido de conjunto. En 1980 yo me preguntaba en vano por qué se detuvo Galdós tantos años entre «Observaciones» y la creación de *La desheredada,* primera novela suya que, en mi opinión entonces, se ajustaba definitivamente al programa de la novela contemporánea de Madrid. No pude contestarme en ese momento y me limité a decir: «aunque nos siga escondida la razón de la tardanza en aparecer la gran novela galdosiana, hay que tener presente la protohistoria de esa novela».[14] Pero ahora, con nuestro estudio del teatro temprano de don Benito, que culmina en *Un joven* y, posiblemente, en *El hombre fuerte,* y con los trabajos de Pattison y Smith sobre *Rosalía,* creo que poseemos una senda muy significativa para ver la génesis de las grandes creaciones de Galdós. No escribió la novela programada en «Observaciones» porque —«así como suena»— no podía hacerlo todavía. Otras obras menores del período, como *La sombra* (¿1866-1867?), «La novela en el tranvía» (1871) y «Un tribunal literario» (1872), a pesar de los elementos fantásticos y caricaturescos que las caracterizan, tienen lugar en el Madrid que vive Galdós, entre gentes de la clase media. También en algunas de estas obras menores Galdós ensaya el estudio profundo de un personaje, sobre todo interesándose por estados psicológicos singulares, pero muy humanos al mismo tiempo. Hacia 1870, pues, don Benito dominaba muchas, si no todas las técnicas literarias más importantes para la creación de la novela de costumbres contemporánea. Como Mesonero y el grupo de teóricos socio-miméticos del *Semanario Pintoresco Español,* Galdós sabía qué tipo de novela quería escribir; pero, como ellos, no podía efectuar todavía la síntesis necesaria entre su teoría o estética literaria y las muchas técnicas de la construcción de personajes y argumentos de ambientación madrileña.[15]

3.

Al mismo tiempo que se frustraba el plan de «Observaciones», la novela histórica galdosiana nació robusta y bien desarrollada. La primera es *La Fontana de Oro,* escrita en 1867-1868, publicada en 1870, y le sigue *El audaz* (1871) y los veinte tomos de las primeras dos series de los *Episodios nacionales* (1873-1879). Todas estas obras, a diferencia de *Un joven de provecho* y la mayor parte de narraciones citadas más arriba, forman parte de las lecturas actuales de los que se interesan por Galdós. Para mí este éxito perdurable de la temprana novela histórica galdosiana, y la tardanza en lograr una novela de costumbres contemporáneas equiparable, deben sugerir ciertas preguntas sobre las influencias literarias en Galdós y sobre la relación de la novela histórica de Galdós con la de costumbres. Por ejemplo: si la novela galdosiana es principalmente el producto de un diálogo literario entre don Benito y los grandes maestros de la novela europea, ¿por qué aprende Galdós a escribir la histórica antes de la de costumbres, especialmente cuando se recuerda que la mayoría de sus escritos teóricos y creativos de 1866 a 1871 tratan de cómo hacer literatura con materiales contemporáneos, no históricos? ¿Es que Galdós dio con modelos de maestros europeos de la novela histórica antes de hallarlos de la de costumbres? Pero, si se explica la génesis de la novela galdosiana por semejante teoría de búsqueda de modelos y diálogo con novelistas extranjeros —por no existir escritores españoles de suficiente envergadura—, ¿no se cae eventualmente en un dilema o, quizá, contradicción? Todo lo que sabemos de las lecturas del joven Galdós refleja muchísima más afición a la obra de Balzac y Dickens, que a la de Walter Scott y Dumas, exponentes máximos en su tiempo de la novela de costumbres y de la histórica respectivamente.[16] Sin embargo Galdós necesitó mucho más tiempo para poder escribir la novela del tipo balzaquiano y dickensiano que la de Scott y sus imitadores. Si sólo se tratara del problema de encontrar modelos satisfactorios para copiar sus técnicas y problemática, Galdós no *tendría* que haber pasado por la novela histórica como camino de aprendizaje para la de costumbres y, sin embargo, esto es lo que ocurrió.

Para Galdós, y para toda la tradición socio-mimética en España, el problema técnico más difícil de la literatura —teatro, lírica, novela, cuadro, cuento— de costumbres es el de la observación fiel del medio en que vive el poeta. Es por esta preocupación que Galdós habla tanto en «Observaciones» de «la especialísima índole de la novela de costumbres» en relación con una afirmación corriente entre ciertas «personas dadas a la investigación»: éstas dicen que «los Españoles somos poco observadores, y carecemos por lo tanto de la principal virtud para la creación de la novela moderna» (*Ens.*, 116). Don Benito rechaza esta idea, citando el trabajo de observación en Velázquez, Cervantes, Quevedo, Ramón de la Cruz, Mesonero, Fernán Caballero, Pereda y Ruiz Aguilera como prueba de lo contrario. Y, en vista de lo que dice Galdós de los *Proverbios* y de nuestra interpretación de «Observaciones», creo poder concluir que la novela de costumbres le era más difícil a Galdós que la histórica; y esto, por basarse dicha novela en el arte de la observación, arte poco ponderado por el siglo XX, pero de primerísima importancia para la tradición socio-mimética.

Recordando, pues, lo que afirma Galdós de su práctica en la segunda serie de *Episodios* en 1885 —la «novela histórica viene a confundirse así con la de costumbres»—, vemos

tres factores fundamentales en la génesis de la novela galdosiana de costumbres. Primero: es la consecuencia de un
programa consciente de novelar materias españolas dentro
de una tradición estética nacional. Segundo: la novela histórica no es un trabajo de observación propia, sino de la uti-
lización de las observaciones de otros —pintores y literatos
como Goya, Cruz y ciertos historiadores— como fuente de
los personajes, ambientes, problemas y conflictos típicos de la
época novelada.[17] Tercero: Galdós aprende a dominar las
técnicas de observación directa propia y de construcción novelesca durante los años en que escribe novelas históricas, y
hace la transición a la novela de costumbres conforme los materiales tratados se acercan más a la época en que vive. En
este momento no depende tanto de fuentes escritas o pinta-
das, sino de su comunicación con personas, como su padre
y tío, que experimentaron la vida y la historia que Galdós
convierte en novela;[18] Galdós conoce la historia más reciente por los libros y a través de la gente; se forma una
idea de lo que era vivir esa época observando a estos testigos oculares que aún viven años después de los acontecimientos.

4.

Después de las observaciones precedentes sobre la relación entre la novela histórica y la de costumbres en Galdós,
nos es fácil comprender la sencillez con que nuestro autor habla del principio de su carrera de novelista. En una carta de
1871, escrita mientras trabajaba en *El audaz,* dice don Benito a su amigo canario Agustín Millares Torres, «Yo, admi-
rado por el éxito de *La Fontana [de Oro],* voy a seguir pu-
blicando novelas».[19] Y aunque el «éxito» que Galdós menciona era *muy* modesto según propia afirmación años más
tarde, lo importante para el joven escritor era tener ya delante de sí un camino narrativo cuyo tema sería la vida nacional, considerada históricamente.

Muchísimos son los artículos y libros dedicados a los *Episodios nacionales*. *Los «Episodios nacionales» de Benito Pérez Galdós* por Hans Hinterhäuser continúa siendo el estudio de conjunto de más prestigio, y *Galdós el pensamiento maduro* por Brian Dendle, dedicado a las últimas tres series, acaso el más reciente.[20] En lugar de analizar detalladamente las teorías desarrolladas para explicar la génesis y el sentido de los *Episodios,* creo que el enfoque del presente libro y los resultados que nos ha facilitado hasta este punto de vista nos autorizan a sólo mencionar la crítica de los *Episodios;* después, se relacionará ésta con los materiales y perspectiva originales que se presentan aquí.

Los antecedentes creativos de la novela histórica galdosiana que se citan siempre son Scott, Manzoni (1785-1873), Balzac, Hugo, Erckmann-Chatrian (1822-1899, 1826-1890) y Tolstoy.[21] Más recientemente Juan Ignacio Ferreras ha estudiado y clasificado exhaustivamente la novela histórica española de 1830 a 1870, trazando toda una tradición de la «novela histórica nacional» que produce a Galdós y de la cual es el representante máximo.[22] En esto estamos de acuerdo con Ferreras, y cedemos a autores europeos el papel de ejemplos más que de fuerzas formativas.[23] Nos diferenciamos de Ferreras sólo en admitir, como el propio Hinterhäuser, la importancia de obras históricas nacionales no novelescas en la creación de la novela histórica galdosiana, sobre todo la de poemas y otros escritos de Zorrilla, Aguilera, etc.[24] Un buen ejemplo de esta tradición no novelesca se encuentra en el *Semanario Pintoresco Español* de 1839. Antonio Benavides (1808-1884), futuro político moderado y académico de la Real, afirma que, «De todas las plagas que afligen a las naciones en los distintos períodos de su vida, quizá no hay una que produzca efectos más funestos que las importaciones extrañas»; suplantan todo lo que caracteriza y unifica la experiencia histórica y contemporánea de un país sin contribuir de una manera significativa a otro tipo de síntesis nueva de lo nacional con lo extranjero.[25] Benavides ve ejemplos de este fenómeno en España a partir del siglo XI, pasando por «la dinastía austríaca», y continuando con los Borbones. Las costumbres, las leyes, la lengua, todas manifiestan los estragos de «la manía de copiarlo todo de nuestros vecinos». Con especial ahínco Benavides se lamenta: «Ni se estudia el carácter de la nación, ni aún su topografía y clima» para intentar encontrar «el remedio a los males» que se deploran por todos lados. Cuando «ensayos sobre ensayos se multiplican y amontonan copiados y traducidos de otros que produjeron un efecto en países extranjeros», pero no en España, las personas responsables de esta política «se contentan con decir que esta nación no puede explicarse, que en ella todo es raro y todo está fuera del alcance de la previsión humana» etc. El joven Galdós de *La Fontana de Oro, El audaz* y los *Episodios* está de acuerdo con Benavides. No «se content[a] con decir que [España] no puede explicarse»; su novela histórica, por el contrario, es un intento de hacer sentido de la España del siglo XIX.

El pensamiento histórico galdosiano entre 1867-1868 (*La Fontana*) y 1879 (último episodio de la segunda serie) no ofrece en sí materia original. Galdós es un escritor de su época. Cree en el progreso social, político y económico del hombre, y en el estudio de la historia como medio de conocer los problemas del pasado para evitarlos en el presente y el futuro. Reconoce el papel de los grandes hombres en la historia, pero siempre cede al pueblo y a la gente de la clase media un lugar no menos destacado en su labor de comprensión de lo nacional; hombres como Espartero y Prim, Napoleón y Wellington influyen de una manera decisiva en la vida del país, pero la Guerra de la Independencia fue obra en su mayor parte de personas anónimas para nosotros. Gabriel Araceli y Salvador Monsalud, héroes respectivos de las primeras dos series de *Episodios,* proceden del pueblo o de la clase media, llegan a participar en los acontecimientos claves de la época (Araceli: 1805-1812; Monsalud: 1812-1834), y representan en sus acciones la versión galdosiana de lo que sería el español típico. Mientras Araceli actúa en un gran período de regeneración nacional y se hace hombre

pudiente y honrado, Monsalud, a pesar de muchísimas tenta-
tivas, se pasa la vida a la búsqueda del bien nacional, aban-
donándola finalmente para vivir apartado de la escena pública.[26] Para Galdós, pues, lo importante es intentar comprender las complejas relaciones que ligan al individuo con su
tiempo y la sociedad. Como afirma el profesor Gilman para
Galdós la cuestión de las fronteras entre vida privada y vida
pública se hace muy problemática; el destino del individuo
y el de la sociedad se compenetran de tal forma que es difícil diferenciar entre las causas y los efectos en el vivir del
uno y de la otra.[27] Tiempo histórico y tiempo biográfico confluyen en la novela —histórica o contemporánea— verdaderamente decimonónica. Con respecto al pensamiento histórico de Galdós en este período, pues, sólo resta afirmar lo
que comentamos antes: hacia 1879 don Benito cree menos
en el progreso social y político de España; ve un ciclo de
repetición histórica en que luchan «la tradición y la libertad»
sin la victoria definitiva de una facción o la otra, un ciclo que
Monsalud denomina «una mala comedia».[28]

Conocemos una razón poderosa que determinó el que
Galdós escribiera sobre el período comprendido entre 1805
y 1834. En el epílogo de 1885 dice que esos años son «nuestro siglo decimoctavo» y, por lo tanto, constituyen «la paternidad verdadera de la civilización presente» en España. Siguiendo los consejos de literatos experimentados (Mesonero,
Goethe, Martínez de la Rosa, etc.), don Benito eligió momentos y personajes históricos del período bien conocidos de todos sus contemporáneos para formar el esqueleto de su creación novelesca.[29] Hinterhäuser y Gilman ofrecen varios motivos de este tipo que podían haber influido en la selección
de la batalla naval de Trafalgar como la materia histórica del
primer episodio: una conmemoración madrileña en honor de
Federico Carlos Gravina, que mandó heroicamente el navío
«Príncipe de Asturias» en Trafalgar, y que fue tema de un
artículo con grabados de sobrevivientes de la batalla en *La
Ilustración Española y Americana* del 5 de noviembre de
1870; un artículo por Eugenio de Ochoa (1815-1872) en la

Ilustración de Madrid (30 de septiembre de 1871) en el que se habla muy bien de *La Fontana de Oro* y de *El audaz,* y en el que se ve la derrota de Trafalgar como el signo más claro de la decadencia española; y, finalmente, el hecho de que Trafalgar fue «un tema favorito de la pintura histórica en los decenios de 1860 y 1870».[30] Para los demás títulos de la primera serie existen otros antecedentes que realzan el valor de lo pictórico en el pensamiento literario de Galdós y que hace, por consiguiente, más verosímil todavía el razonamiento de Gilman y Hinterhäuser sobre el origen de *Trafalgar.*

En el prólogo de 1881 a los *Episodios* don Benito dice: «Antes de ser realidad estas veinte novelas; cuando no estaba escrita, ni aún bien pensada, la primera de ellas, y todo este trabajo de siete mil páginas era simplemente una ilusión del artista, consideré y resolví que los *Episodios Nacionales* debían ser, tarde o temprano, una obra ilustrada».[31] Galdós no hablaba ligeramente aquí. En el número de *El Laberinto* correspondiente al 1.º de mayo de 1844, y que Galdós poseía, Antonio Ferrer del Río (1814-1872) escribe un artículo, profusamente ilustrado con grabados, titulado «El Dos de Mayo». Narra los antecedentes, hechos y consecuencias de la famosa jornada. Los grabados representan: el paso por los Pirineos de las tropas de Napoleón; la huida de Carlos IV de Aranjuez y la defensa de Godoy en Aranjuez por los guardias de corps (19 de marzo de 1808); la entrada de Murat en Madrid (23 de marzo de 1808); una escena del pueblo madrileño en lucha, y otra de la defensa del Parque de Artillería de Monteleón por Daoiz y Velarde con la Primorosa encendiendo la mecha de un cañón (2 de mayo); la rendición de la escuadra francesa en Cádiz (14 de junio); la retirada forzosa de Moncey del sitio de Valencia (29 de junio); la victoria española de Bailén (19 de julio).[32] Ferrer menciona también los sitios heroicos de Zaragoza y Gerona, y a sus líderes, Palafox y Mariano Alvarez de Castro, como hechos y personajes históricos tan bien conocidos como para hacer innecesario dedicar mucha atención a ellos. La opinión de Ferrer con respecto a Fernando VII es desdeñosa; recuerda

que cuando el rey —«El Deseado»— volvió a España y entró
en Madrid en mayo de 1814 «ni por curiosidad lanzó una mi-
rada al *campo de la Lealtad*» donde murieron tantos en nombre suyo. En *El Laberinto* del 1.º de mayo de 1845 Ferrer
dedica un largo ensayo biográfico a Alvarez de Castro, ilustrado con catorce [¡ !] grabados que representan las escenas
principales del sitio descritas por Galdós en el episodio *Zaragoza* (1874).

Otro precedente pictórico y literario de los *Episodios* que
se debe tener en cuenta se halla en el *Semanario Pintoresco
Español*. El número del 30 de abril de 1848 se encabeza con
grabados de Castaños (el general español victorioso de Bailén), Palafox, Napoleón y Wellington. A continuación figuran
un poema de Espronceda, «El Dos de Mayo», un artículo
titulado «La Guerra de la Independencia», y un cuento titulado «El verdugo, episodio de la Guerra de la Independencia» (que termina en el número siguiente del *Semanario*).
No sólo parece significativo el uso de la palabra «episodio»,
sino también los titulares puestos a los diez grabados que
ilustran el artículo y el cuento; son: «Dos de Mayo» (la
defensa de Daoiz, Velarde y la Primorosa), «Batalla de Bailén», «Defensa de Gerona», «Defensa de Zaragoza» (Agus-
tina Zaragoza y Doménech encendiendo la mecha de un
cañón), «Choque entre los soldados de Napoleón y el pueblo» (la entrada de Napoleón por Chamartín), «José Bonaparte», «Las Cortes de Cádiz», «Fernando VII», «Batalla de
Talavera» y «Batalla de Vitoria».

En vista de esta serie de artículos ilustrados con grabados en dos revistas que forman parte de la biblioteca de Galdós, creo que podemos formar una hipótesis con respecto a
la creación de los *Episodios*. Entre 1867 y 1871 Galdós está
en plena época de experimentos literarios. Ensaya la novela
histórica como uno de sus experimentos, y se ve sorprendido por su éxito relativo con *La Fontana* y *El audaz*. Por las
razones sugeridas en los libros de Hinterhäuser y Gilman,
elige el tema de Trafalgar como materia para su tercera novela histórica. Y, quizá como consecuencia de estar hojean-

do una de las revistas mencionadas en El Ateneo, percibe de repente la posibilidad de un proyecto de novela histórica más sistemático y de más aliento: narrar la historia española desde su despertar de un siglo de dominación francesa. En los artículos y grabados de *El Laberinto* y el *Semanario Pintoresco Español,* reconoció los momentos principales de la lucha que produjo la España en que vive. Había, pues, un recuerdo popular y duradero de lo que era la Guerra de la Independencia, y a don Benito le tocaba interpretarla de nuevo, inventando los personajes no históricos que iban a vivir esa historia. No existe una correspondencia exacta entre los grabados y los títulos de los diez tomos de la primera serie de *Episodios,* pero hay una coincidencia esencial de temas y puntos de vista sobre lo ocurrido entre 1808 y 1812.[33] Por otra parte los grabados de José Bonaparte, Fernando VII y la batalla de Vitoria, personas y acontecimiento tratados por Galdós en *El equipaje del rey José* (1875), primer episodio de la segunda serie, le orientaron con respecto a la fase no heroica del temprano siglo XIX español, la fase que vive Monsalud.

5.

En 1876 Galdós era ya el autor de quince novelas del género histórico. Trabajaba con facilidad de producción en la segunda serie de *Episodios.*[34] Pero no se olvidaba del proyecto de «Observaciones» y se dedicó a una novela contemporánea nacional que no era, sin embargo, urbana. Esta novela es *Doña Perfecta.* Se considera, generalmente, como novela de tesis, no de costumbres. Le suceden *Gloria, La familia de León Roch* y, para algunos, *Marianela,* todas escritas durante la segunda mitad de los años setenta; se suman a *Doña Perfecta* por ser, según muchos críticos, todas «obras tendenciosas» o de tesis.[35] En este contexto *Doña Perfecta* representa la lucha entre las dos Españas; Pepe Rey, sobrino de Perfecta, es el típico joven liberal madrileño, Perfecta la típica

terrateniente reaccionaria de provincias. En *Gloria* se debate
la libertad de cultos. *León Roch* presenta la interferencia del
clero en la vida matrimonial. *Marianela* dramatiza las ventajas y desventajas del progreso científico, e introduce al personaje Felipe Centeno que tan gran papel tiene en varias novelas urbanas posteriores de Galdós.[36]

Desde la perspectiva de la historia de la época, *Doña
Perfecta, Gloria* y *León Roch* se pueden comprender como
primera reacción galdosiana a la cambiante situación política
española: asesinato y muerte del general Prim (27 y 30 de
diciembre, 1870), abdicación del rey constitucional Amadeo
de Saboya (11 de febrero, 1873), golpe de estado del general
Pavía que da fin a la República (enero, 1874), restauración
de la monarquía borbónica en la persona de Alfonso XII
(enero, 1875), y el fin efectivo de los sueños liberales en-
carnados en la Revolución de 1868.[37] En 1876 se aprueba una
nueva constitución que deshace las reformas de la de 1869.
De especial interés para Galdós es el artículo 11 sobre la
religión y las consecuencias sociales de la nueva ley.

Aunque la Constitución de 1876 reconoce a nivel privado
la libertad de cultos, prohíbe el derecho a ceremonias públicas de toda religión que no sea la católica. Declara además
que «'la religión Católica, Apostólica y Romana es la del
Estado', obligándose éste a mantener [el] culto» y sus minis-
tros.[38] Seis años antes, en «Observaciones», Galdós declaró
que «el problema religioso» era el más grande de la vida do-
méstica: «perturba los hogares y ofrece contradicciones que
asustan; porque mientras en una parte la falta de creencias
afloja o rompe los lazos morales y civiles que forman la familia, en otras produce los mismos efectos el fanatismo y las
costumbres devotas» (*Ens.*, 123). Después de la restauración
conservadora señalada por la Constitución de 1876, parece que
don Benito sólo veía los aspectos negativos de la influencia
social de la religión y los presentó de manera varia en *Doña
Perfecta, Gloria* y *León Roch*.

Desde la perspectiva de nuestra interpretación de «Observaciones», el grupo de cuatro novelas contemporáneas es-

critas entre 1876 y 1879 tiene la virtud principal de ser obras de observación original y directa de la sociedad en que Galdós vive. Nuestro autor se ejercita en el arte difícil de reflejar esa realidad en la novela. Comentamos ya cómo don Benito podía (y tenía que) depender del trabajo de observación de otros para escribir las novelas históricas suyas. En ciertos momentos el lector de la obra histórica se cree en la presencia de Goya o en la representación de un sainete de D. Ramón de la Cruz. Al mismo tiempo Galdós podía complementar estos cuadros con consultas a la *Historia de la guerra de España contra el emperador Napoleón* (1844, ilustrada con grabados) del presbítero Juan Díaz de Baeza, de la traducción (1844, «corregida y anotada») por Antonio Alcalá Galiano (1789-1865) de la *Historia del consulado y del imperio de Napoleón* por Louis Adolphe Thiers (1797-1877), o de su propia colección de materiales históricos inéditos de la época.[39] Pero con *León Roch,* última novela no histórica de los años setenta - 1878, Galdós llega al momento de poner en práctica plenamente el programa de «Observaciones». Aunque las primeras escenas pasan en un balneario elegante del norte de la Península, las acciones principales de la novela transcurren en Madrid entre miembros de la clase media. *León Roch* es, por consiguiente, la primera novela galdosiana de costumbres urbanas y, por lo tanto, merece un estudio detenido.

6.

Francisco Giner de los Ríos —con «Clarín», primeros lectores y críticos serios de Galdós— dedicó una larga reseña a sólo la primera de las tres partes de *La familia de León Roch* a mediados de diciembre de 1878. Sabía que una segunda parte iba a salir, pero se dedicó a una discusión detallada de los aciertos y defectos de la novela hasta ese punto e hizo comparaciones entre *León Roch* y otras obras, tanto de Galdós como de otros escritores contemporáneos. En vista de esto hay que comprender el siguiente comentario que tiene la virtud de ser bastante exacto cuando se recuerda que versa únicamente sobre la primera parte:

> *La familia de León Roch* casi no puede llamarse... novela. Hasta ahora, más parece una como presentación de los actores que han de intervenir en la novela, inédita aún: un catálogo ampliado y perfeccionado de los personajes al modo de los que preceden a las obras dramáticas.
> ...esta novela no es propiamente novela, sino estudio de costumbres...[40]

Los «actores» o «personajes» que llegamos a conocer son al principio meros nombres que ayudan a diferenciar entre los muchos tipos característicos del Madrid de veraneo en el norte: el banquero (el marqués de Fúcar), el calavera o «perdis» (Cimarra), el librepensador de tendencia krausista (León Roch), la mojigata (María Egipcíaca), la señorita mimada (Pepa Fúcar), la nobleza antigua tronada (los marqueses de Tellería), etc. El elemento costumbrista aparece en las descripciones de los ambientes veraniegos y madrileños, y en las breves, medianas y largas biografías personales y familiares de los «actores» que «salen a la escena». La base propiamente novelesca de la primera parte de *León Roch* es la historia de las relaciones, cada vez más problemática, de León y María: su noviazgo, casamiento, y el rápido desencanto mutuo, por motivos religiosos, complicado por la intervención del hermano de María, jesuita, Luis Gonzaga. Esta historia de casados, como indica el comentario de Giner, no domina demasiado sobre los elementos costumbristas de presentación de tipos y ambientes. Sin embargo, al final de la primera parte de *León Roch,* el conflicto entre León y su mujer está claramente planteado: ¿qué consecuencias tendrá la interacción prediciblemente negativa de dos tipos tan opuestos como son el librepensador y la beata en el Madrid de aquel tiempo?

La segunda y tercera parte son más novelescas por haber más complicaciones entre los personajes del núcleo original de «actores». Con una excepción, las acciones son las normales de la vida diaria, y revelan «el engranaje de la máquina social» de la clase media madrileña (I, xiii; 793): cómo la gente se equivoca, cómo las equivocaciones muchas veces no tienen remedio, cómo la gente de esa época y esa sociedad hacen y deshacen su felicidad dentro del contexto de las normas morales vigentes y de sus deseos y necesidades personales. En *León Roch* Galdós intenta realizar la misión del novelista formulada ocho años antes en «Observaciones»: «reflejar esta turbación honda, esta lucha incesante de principios [lo que demanda la sociedad] y hechos [lo que hacen las personas] que constituye el maravilloso drama de la vida actual» (*Ens.,* 124). Esta «lucha» se inicia en torno al problema religioso sin limitarse a él.[41] La mutua insatisfacción de León y María conduce a que aquél busque con Pepa Fúcar y su hija el calor familiar que le falta en casa. Pero, como el Galdós de «Observaciones» que considera «el adulterio... el vicio esencialmente desorganizador de la familia» (124), León retrocede de la tentación de escaparse con ellas a Francia.

La lectura de *León Roch* nos hace presenciar y comprender los factores que complican la vida en sociedad. ¡Hay tantos tipos, caracteres, intereses y propósitos diferentes y, a veces, contradictorios! Ilustrativos de esta perspectiva son los largos y patéticos debates entre León y María en el capítulo 16 de la segunda parte, y el de León y el padre Paoletti en el capítulo 7 de la tercera parte. No dan la razón a nadie porque son más bien exposiciones retóricas de posiciones igualmente razonables cuando son expuestas por sus partidarios. Entendemos mejor «el maravilloso drama de la vida actual» de aquel Madrid al tener que reconocer —independientemente de nuestra propia ideología o simpatía hacia tales o cuales personajes— que la sociedad es, como dice Galdós en «Observaciones», una «lucha incesante de principios y hechos». Vivir en sociedad es experimentar esta lucha; retratar esta sociedad es recrear en acciones y personajes novelescos los conflictos que la caracterizan. «Clarín» comparte esta visión socio-literaria cuando se hace eco, posiblemente sin saberlo, de Mesonero y tantos otros escritores nacionales; comenta así cómo don Benito trata los graves problemas de León y María Egipcíaca: «Gran acierto ha mostrado el señor Pérez Galdós con no quebrantar el lazo del matrimonio de la manera precipitada de autores transpirenaicos que, queriendo probar arduas tesis jurídicas, sólo prueban la anemia moral que padecen».[42] La nación española tiene *sus* usos y costumbres, y son éstos la materia que el escritor nacional tiene que estudiar y novelar. En *León Roch* Galdós crea por primera vez un trasunto fiel y complicado de la sociedad que propone en «Observaciones» como tema del equivalente español de la gran novela decimonónica en Europa. Sólo en 1878 puede don Benito hacer la síntesis novelesca de las técnicas de observación y construcción socio-literarias, que la tradición socio-mimética española se proponía como meta desde Mesonero y sus colaboradores del *Semanario Pintoresco Español*.[43]

Generalizando la práctica socio-mimética de *León Roch,* creo que podemos deducir la fórmula galdosiana de la novela, inspirada por Ruiz Aguilera y descrita en «Observaciones»: 1) el novelista, que quiere escribir la novela moderna de costumbres, observa atentamente, durante años, la sociedad urbana contemporánea para determinar su composición, sus problemas, las figuras típicas que la pueblan, los ambientes en que se mueve; 2) después elige el aspecto o aspectos de las costumbres, de los vicios y virtudes, que le interesan o se le imponen por su importancia; 3) observa los tipos de la sociedad en que estos aspectos son característicos, y elige a los tipos que más le convienen; 4) y, yuxtaponiendo tipos con sus vicios y virtudes dominantes, empieza la acción novelesca cuando hace que los tipos seleccionados se individualicen y se encuentren en oposición entre sí o con algún elemento de la sociedad, o sea, cuando los respectivos caracteres chocan entre sí o chocan con los principios de esa sociedad. La diferencia entre obras escritas, tácita o explícitamente, según esta «fórmula» depende de tres factores básicos: la importancia y complejidad del conflicto librado, el interés intrínseco de los personajes, y la eficacia de éstos para encarnar los elementos del conflicto y acción novelescos.

* * *

Entre finales de 1879 y mediados de 1881 Galdós no publica ninguna novela. Después de una década en que escribió veinticinco novelas —a razón de dos y «media» por año— don Benito, al terminar la segunda serie de *Episodios* y *León Roch,* deja de escribir temporalmente. Investigar por qué lo hace y cuáles son las consecuencias para su obra forma la próxima fase de nuestro conocimiento de la evolución creativa del pensamiento galdosiano.

PARTE III-2:

EVOLUCION CREATIVA
DEL PENSAMIENTO GALDOSIANO (1878-1889)

1.

Cuando estudiamos la teoría literaria de Galdós en la primera parte del presente libro, hicimos varias referencias a opiniones galdosianas, expresadas en una obra de creación, que apuntaban a algunos cambios de su punto de vista social anteriores al epílogo de 1885. Nos basamos en dos de los últimos capítulos de la novela final de la segunda serie de los *Episodios, Un faccioso más y unos frailes menos,* escrita en noviembre y diciembre de 1879. En dicha novela es el 16 de julio de 1834 uno de los últimos días narrados de la serie. Jenara Baraona, que con Monsalud, Sola y Carlos Garrote es uno de los principales protagonistas de este grupo de episodios, recibe finalmente a los asiduos de su tertulia de políticos y oficinistas. En ese momento Martínez de la Rosa es ministro y Salvador Monsalud se ha retirado de la vida política. El narrador interpreta la historia de España tomando los años 1812 (la constitución liberal de Cádiz), 1834 y 1879, el presente, como puntos de referencia, nombrando, cuando viene al caso, indistintamente a personajes históricos y ficticios. La tertulia de Jenara es un centro de reunión para los futuros miembros del partido conservador llamado de los moderados. Según el narrador estos «maquiavélicos» supieron engañar no sólo a los «candorosos doceañistas» (los liberales de la Constitución de Cádiz como Martínez de la Rosa) que «principiaban a no servir para nada», sino también al clero cuyos bienes compraron después de la desamortización llevada a cabo por los progresistas, o liberales, bajo Mendizábal (xxvi; 773). Estos hábiles hipócritas, a «falta de principios», «tenían un sistema, compuesto de engaño y energía» que produjo «una comedia de cuarenta años»; por desgracia, dicha comedia hizo las veces de una vida política seria en la España de la época (773-774). Desde el punto de vista galdosiano en 1879 se descuentan en mucho las consecuencias aparentemente positivas de los períodos de ministerios progresistas. El sistema efectivo que enfoca la política de 1834 a 1874 se podría llamar «turno por pronunciamientos». Los burgueses moderados eran el poder verdadero del país, y se aprovechaban de todo para constituirse en «una aristocracia que... se hizo respetable y en la cual hay muchos marqueses y un formidable elemento de orden» (774). Juan Bragas (*Memorias de un cortesano de 1815*, y *La segunda casaca*-1876), el marqués de Falfán de los Godos (muchos episodios de la segunda serie), el marqués de Fúcar (*La familia de León Roch*), y Carlos Cisneros (*La incógnita*-1889) son destacadas tipificaciones galdosianas de esta raza en distintos momentos históricos.

Los progresistas eran la continuación del espíritu de Cádiz, pero les ganaban los moderados en algo que Galdós no deja de estudiar nunca: sus modales. «Humanamente considerada, aquella gente [moderada] tenía una superioridad... la superioridad de los modales, cosa importantísima en nuestra edad» (774). El narrador de *Un faccioso más* lamenta que en «el trazado» de la «línea divisoria clara y precisa que separaba» a progresistas y moderados tuvieran «parte las tijeras de los sastres»; no «había término medio» entre los hombres de los dos grupos, y «fue lástima grande que tantas ideas generosas y salvadoras no pudieran... emanciparse de la grosería, del mal vestir y peor hablar» (774).[1] Según la visión galdosiana parece necesario distinguir entre clase media y clase burguesa. La primera es la liberal; pero su «advenimiento... fue laborioso y pesado» por sus modales: «frailunamente educada [la clase media] no supo [como clase] echar de sí ciertas asperezas», y por consiguiente «sólo prevalecieron en la vida pública los pocos que supieron ponerse el frac» (774). Es en la clase media, pues, en la que Galdós cifra tantas esperanzas en «Observaciones» y a la que niega existencia en el discurso académico «La sociedad presente» de 1897. Por su parte, los moderados forman la clase burguesa; se denominan moderados entre 1834 y 1868, conservadores a partir de la Restauración en 1874. En Galdós, León Roch, Maxi Rubín y su familia con el boticario Segismundo Ballester (*Fortunata y Jacinta*), el doctor Augusto Miquis (muchas novelas contemporáneas), el amigo Manso, etc., representan la clase media; la familia Santa Cruz (*Fortunata*), y los personajes mencionados antes representan la burguesía. Otros personajes, como Manolo Infante y Tomás Orozco (*La incógnita, Realidad*), Pepe Fajardo, marqués de Beramendi (muchos episodios de la tercera y cuarta series), encarnan tipos que oscilan —por sus acciones y creencias— entre la clase media y la burguesía.[2]

Para 1879, pues, Galdós sigue creyendo en la clase media, pero la ve incapacitada frente a la burguesía. En este contexto se comprende plenamente el significado, comentado anteriormente, del retiro de Monsalud de la vida pública, después de pasar la mitad de sus años embrollado en la política y las guerras cuyo único resultado es la «comedia de cuarenta años». Hablando con el siempre optimista Benigno Cordero, Monsalud ve un futuro en el cual las «nobles ideas [son] bastardeadas por la mala fe, y el progreso, casi siempre [es] vencido en su lucha con la ignorancia» (xxx; 785). Como consecuencia de esta posición, Monsalud se hace eco del juicio del narrador respecto a la política vigente cuando explica su falta de entusiasmo por un presente en el que no cree: «Me parece que asisto a una mala comedia. Ni aplaudo ni silbo. Callo, y quizá me duermo en mi luneta» (785-786). Nada de importancia pasa en la esfera pública. Los moderados —los «maquiavélicos»— manipulan igualmente al clero y a los

progresistas, manteniéndose siempre en su posición privile-
giada. Monsalud ni siquiera sabe si sus nietos, que nacerían
en la década de los 1880, verán su «ideal» liberal realizado
(785).[3]

Dada esta interpretación más completa de la versión galdosiana de la historia socio-política del país entre 1834 y
1880, se comprende mejor el tema de repetición histórica que
hace del epílogo de 1885 un documento tan distinto de «Observaciones»; además se entiende más claramente por qué don
Benito ve tan poca diferencia entre los españoles de hogaño
y antaño.[4] Para Galdós, como para Ortega, como para todos,
la Restauración es una comedia montada sobre el turno pacífico por el «maese Cánovas» (1828-1897).[5] Y, para que
todo sea igual al período del retiro de Monsalud, la tercera
guerra carlista (1872-1876) ofrece el mismo telón de fondo
para el espectáculo político que Galdós, desilusionado simpatizante de la Revolución de 1868, tiene que vivir después
de 1874.

2.

Hay otro aspecto de *León Roch* del que no hemos hablado, pero que es esencial para comprender el mundo galdosiano en vísperas de entrar en la gran década de su producción novelesca, 1880-1890. Me refiero a la interpretación galdosiana de la sociedad como máquina en la que León
Roch y Pepa Fúcar se hallan atrapados.

Como reconoció «Clarín» en la reseña de la primera parte de *León Roch,* a la cual hemos aludido antes, León tuvo
un pensamiento que orientó siempre sus acciones. Deseaba
«una existencia sosegada, virtuosa, formada del amor y del
estudio»; «soñaba con buscar y encontrar aquel ideal en un
matrimonio bien realizado, del cual nacería una familia. Esta
familia soñada, la gran familia ideal, la placentera reunión
de todos los suyos» debía ser la corona de sus riquezas y otras
ventajas personales (I, xiii; 795). Pero no llegó a disfrutar

de este sueño convertido en realidad. Entre él y la familia
perfecta se interponían otras familias no tan bien constitui-
das, tales como: 1) la familia de sus padres, que implantó
en León el deseo de una vida retirada y patriarcal en lugar
de la de su niñez y juventud, pasadas entre el bullicio gris
del comercio; 2) los Tellería, familia de su mujer María, responsables de la educación «descuidada» y de la «instrucción
ridícula» de ella (I, vii; 776); 3) la familia muy especial e
influyente formada en un tiempo por María, su hermano Luis
Gonzaga, el religioso, y la abuela reprimida y beata en la
casa de los páramos de Avila;[6] 4) la familia constituida por
el padre Paoletti y sus feligresas, incluyendo a María, particularmente después de la muerte de Luis Gonzaga; 5) la
de Pepa Fúcar y su pequeña hija, pero que no excluye —muy
a pesar de León— al padre de Pepa y al perdido de su marido, Federico Cimarra; y, 6) «la familia social» (I, xiii;
793). Veamos ahora cómo funcionan estas familias para frus-
trar el ideal de León.

Cuando el narrador hace un «retrato verbal» de León
en la primera parte, dice de él que estaba «[e]ngranado en
la máquina social por las aficiones, por el matrimonio, por la
ciencia misma» y que «se presentaba en todas partes, vestía
bien, y aún se confundía a los ojos de muchos con las me-
dianías del vulgo bien vestido y correcto que constituye una
de las porciones más grandes... de la familia social» (793).
El conflicto de León en este contexto de máquina/familia
social es el intento de reconciliar sus necesidades personales
con los derechos y las necesidades de los otros. León descubre, cuando debate con María, inspirada por Luiz Gonzaga,
la marquesa su madre, el padre Paoletti, o con Paoletti mismo
o con otro hermano de María, el hipócrita Gustavo, etc., que
todas estas familias pequeñas forman no una gran «familia
social», sino una «máquina social» por cuyo engranaje pasa
dolorosa e inexorablemente sin poder escaparse. Al entrar
en conflicto con las citadas familias, éstas se convierten en
máquina; todas son celosas de sus privilegios y no ceden frente a nadie. Cuando León desiste de la idea de marcharse

para Francia con Pepa y su hija, reconoce los derechos y la razón de la sociedad. Cuando vive todavía su mujer María, León dice a Pepa: «no puedo unirme con otra [mujer], no puedo tratar de formarme una nueva familia, ni por la ley ni por la conciencia» porque la «familia nueva que yo pueda formar será siempre una familia ilegítima» (II, x; 862). León, cualesquiera que sean sus faltas, no es hipócrita o comediante social. No puede ser «como ésos [Gustavo, Cimarra, el marqués de Fúcar, los marqueses de Tellería] que usan una moral en recetas para los actos públicos de la vida, y están interiormente podridos de malos pensamientos y de malas intenciones» (862).

León, como el Pepe Rey de *Doña Perfecta,* no es perfecto, pero al menos llega a plantear la cuestión de una vida no artificial, sino auténtica. En este respecto León y los conflictos de *León Roch* se parecen más a los protagonistas y problemas de *Angel Guerra* (1890-1891), *Tristana* (1892), *Nazarín* (1895), etc., que a los personajes y conflictos de las novelas de la década de los ochenta. *La desheredada, La de Bringas, Fortunata y Jacinta* se separan de las historias de León, y de la de Salvador Monsalud, por tratar primordialmente a los seres típicos de la sociedad en lugar de enfocar los problemas de un personaje que ve claramente la farsa de la vida social, sea desde un punto de vista moral como León, o político como Salvador. El esperanzado e inocente autor de «Observaciones» ha llegado a conocer mejor el mundo suyo durante los años setenta y está para acometer la empresa de retratarlo más fielmente que hasta finales de 1879. Y esto equivale a sumirse de lleno en la mediocridad vigente de la familia/máquina/comedia madrileña contemporánea.

3.

Lugar común entre hispanistas es el considerar a *La desheredada* como la primera gran novela de Galdós. Robert Ricard ha estudiado muy bien una de las razones de este supuesto: la decisión de don Benito de revisar su propia clasificación de su producción, consecuencia de la que Menéndez Pelayo (1856-1912) hace en febrero de 1897.[7] Según Ricard, y como he comprobado en una revisión independiente de los centenares de ediciones de la obra galdosiana en la Casa-Museo Pérez Galdós, antes de 1897 los anuncios editoriales de dichas ediciones dividen la obra en cuatro grupos: 1) *Episodios nacionales* (1.ª y 2.ª serie); 2) *novelas españolas contemporáneas* (todas las novelas no históricas desde *Doña Perfecta* hasta *Halma,* incluyendo a *Gloria, Marianela* y *León Roch,* un total de veintidós en 1896); 3) un grupo no titulado, pero que comprende *La Fontana de Oro, El audaz,* el tomo de 1889 en que aparecen *Torquemada en la hoguera,* «El artículo de fondo», «La mula y el buey», «La pluma en el viento», «La conjuración de las palabras», «Un tribunal literario», «La princesa y el granuja», y «Junio», y otro tomo, de 1890, en el cual se publican *La sombra,* «Celín», «Tropiquillos» y «Theros»; y, 4) el último grupo, tampoco titulado, constituido por los textos de las seis comedias galdosianas estrenadas entre 1892 y 1896.[8] Esta división indica una continuidad de propósito general entre *Doña Perfecta* y *La desheredada,* pasando por *Gloria, Marianela* y *León Roch,* y siguiendo hasta *Halma* en 1895. Esta continuidad se ve modificada en el único anuncio editorial impreso en uno de los tres libros de Galdós publicados en 1897. Al tiempo que *La fiera,* drama en tres actos, representado el 23 de diciembre de 1896, pero publicado en 1897, y *El abuelo,* novela en cinco jornadas, escrita en agosto y septiembre de 1897, no tienen anuncios de ningún tipo (al menos en las ediciones encuadernadas que manejo), la primera edición de *Misericordia* —encuadernada también—, presenta una nueva clasificación de la producción de Galdós, hecha supuestamente por él mismo.

Misericordia, escrita en marzo y abril de 1897, se publicó en el mismo año. El anuncio editorial aparece en la página 399, la que hace frente a la última del texto de la novela.[9] Divide las «Obras de B. Pérez Galdós» en cuatro grupos: 1) *Episodios nacionales*; 2) *novelas de la primera época*, entre las cuales figuran *Doña Perfecta, Gloria, Marianela, León Roch, La Fontana, El audaz* y *La sombra*; 3) *novelas españolas contemporáneas* —las veinte novelas que van desde *La desheredada* hasta *Misericordia*, incluyendo aquí *Torquemada en la hoguera*; y, 4) *obras dramáticas*, sumando ahora siete. Esta división es la que aceptó Casalduero y la que la crítica ha seguido considerando la más normal en vista de varias razones que principian en Galdós mismo.[10] En una bien conocida carta a Francisco Giner de los Ríos del 14 de abril de 1882, don Benito se refiere a *La desheredada* como obra que inicia su «segunda o tercera manera».[11] Aunque don Benito tarda tres lustros en cambiar las divisiones de su obra para reflejar la nueva «manera» que inaugura con dicha novela, existe otra razón, poco o nunca comentada, para considerarla el punto de partida de un nuevo proyecto literario. *La desheredada* es una novela en dos partes, publicada en un tomo en 4.º de paginación continua, en lugar de las ediciones normales de tomos en 8.º —usadas para los *Episodios, Doña Perfecta,* etc.—, impresos en un papel muy inferior al usado para *La desheredada*.[12] Por consiguiente, cualquier lector contemporáneo de Galdós, que compraba sus novelas conforme él las publicaba, tenía que darse cuenta en seguida de la nueva presentación y pensar en su posible significado.

Al abrir, pues, la nueva «novela» galdosiana, nuestro lector se encontró con una sorpresa. No sólo había una dedicatoria lo suficientemente enigmática como para seguir mereciendo comentarios de la crítica, había dos listas, como en obra de teatro impresa, de «Personajes de esta primera parte» en la página 2 y «Personajes de esta segunda parte» en la página 254, que hacen frente a las respectivas primeras páginas de texto.[13] Isidora Rufete es «protagonista»; a su nombre siguen los de más de veinte personajes, incluyendo a «Mi tío el Canónigo (que no sale)», «Zarapicos y Gonzalete, pícaros», «Hombres y mujeres del pueblo, niños, Peces de ambos sexos, criados, guardias civiles, etc.»; «La escena es en Madrid y empieza en la primavera de 1872» en la primera parte, y en la segunda, «La escena es en Madrid y principia en diciembre de 1875». En la segunda parte dos capítulos, el sexto y el duodécimo, se titulan «Escena vigésimo quinta» y «Escenas» respectivamente; son completamente dialogados, y el sexto Galdós lo encabeza con direcciones escénicas: «Aposento no muy grande, cómodo, bien amueblado y a media luz» (315). Otros capítulos de la segunda parte refuerzan esta dimensión dramática ya muy de notar en sus títulos: «Entreacto en la iglesia» (iii), «Entreacto en el café» (x), «Entreacto en la calle de los Abades» (viii), y «Otro entreacto» (xi). Es la primera vez que Galdós utiliza este recurso de novela teatralizada, pero vuelve a él muy pronto en *El doctor Centeno, Tormento, La de Bringas,* y, de manera más potenciada aún, en *Realidad.*

    ¿Qué puede significar esta innovación tan sustancial en el mundo de Galdós? De primera intención, recordando el razonamiento de los prólogos a *El abuelo* y *Casandra,* donde Galdós explica cómo el diálogo nos permite ver y oír «sin mediación extraña, el suceso y sus actores», parece que don Benito quiere corregir ciertos defectos de *Doña Perfecta* y *Gloria* lo mismo que de *Marianela* y *León Roch.* En la primera «novela española contemporánea» no cabe duda que el autor sentía gran simpatía por las fuerzas liberales que representaban Pepe Rey, Madrid, el ferrocarril y las tropas, y que abominaba de la reacción y el egoísmo simbolizados por Perfecta y Orbajosa. En *Gloria* el enemigo del autor era el fanatismo religioso. *León Roch* y, en este sentido, *Marianela* son obras menos polémicas. Marianela muere porque el mundo ha cambiado —positivamente en términos generales—, y no hay lugar en él para ella. León es víctima del fanatismo, pero es un fanatismo que vemos desde dentro y que, por lo tanto, deja de ser tan fanático. Estas dos últimas novelas cuentan, por consiguiente, con situaciones sin remedio, aspectos de la vida española que el novelista no puede cambiar. Al teatralizar *La desheredada* Galdós establece una distancia emocional entre él y su asunto, distancia que faltaba en *Doña Perfecta* y *Gloria,* y, al mismo tiempo, se libra de la carga de tener que dar la razón a todos (*Marianela, León Roch*). La sociedad tiene sus problemas —«dolencias sociales» dice don Benito en la dedicatoria de *La desheredada* (1)— y estos problemas son el tema del autor desengañado de *León Roch* y *Un faccioso más*. Evidentemente Galdós necesita una técnica literaria más adecuada para hacerlos patentes, para, en las palabras de «Observaciones», sólo «referir y... expresar» sin «abstracciones» o «teorías», sin «desarrollar tesis morales más o menos raras» (*Ens.*, 126), pero, también, sin ocultar su crítica. Poner listas de personajes al frente de *La desheredada* y utilizar los otros procedimientos teatrales mencionados arriba hace que el Galdós novelista, y sus lectores, tengan que ser más analíticos, menos identificados con «el suceso y sus actores». De esta manera se aprecia el trasunto social de la novela, pero sin olvidar que es un producto de la inteligencia crítica con un propósito social. Por medio de la ironía, la parodia, expresiones de duda e incertidumbre parcial con respecto a ciertos datos relacionados con «el suceso y los actores», su propia intervención en las partes novelescas, etc., el narrador complementa y acentúa su despego de la materia tratada, puesto tan de relieve al teatralizarla.[14]

Otra innovación de *La desheredada* es la presencia activa de la clase obrera contemporánea. Usualmente la crítica enfoca esta cuestión desde la premisa en que Stephen Gilman se basa para hacer su magnífico estudio de nuestra novela en el ya citado *Galdós y el arte de la novela europea* (1867-1887): la novela se escribe bajo la clara influencia del Zola de *La taberna* (1877) y, con *Lo prohibido*, como término opuesto, enmarca el período naturalista galdosiano.[15] Por mi parte encuentro válido e interesante este acercamiento a la innovación que representa *La desheredada* en el mundo de Galdós. Y como que está ya tan bien estudiado, no creo necesario insistir más en él. Leer a Zola y leer la novela de Isidora Rufete es ver en seguida la razón de la crítica. Sin embargo, consta que la clase obrera aparece en Aguilera, de una manera impresionante en el proverbio «Quien con lobos

anda, a aullar se enseña», y que Galdós en «Observaciones»
expresa su interés en la novela como el único género capaz
de «pon[er] en contacto y en relación íntima, como están en
la vida, todas las clases sociales... todo el cuerpo social»
(*Ens.,* 121).[16] Cuando don Benito, por ejemplo, describe la
visita de Isidora a la fábrica de sogas en que trabaja su hermano menor Mariano, o cuando crea el personaje Juan Bou
de quien se aprovecha Isidora, puede estar recordando *a su
manera* diferentes escenas de *La taberna,* por ejemplo las
relaciones entre Gervaise y Goujet, y la visita de ella a las
forja donde su hijo Esteban trabaja con Goujet de aprendiz.
Pero hace que la realidad novelada sea su versión española
contemporánea, y su realización de un proyecto de diez años
de gestación y en imitación —*sensu lato*— del mundo aguileriano.

   La desheredada representa, pues, la confirmación del éxito socio-mimético de *León Roch* en la observación y retrato
fiel de la sociedad contemporánea madrileña, centrada en la
clase media. A esto añade la amplificación de la escena madrileña al retratar ahora las relaciones entre la clase media y la
clase obrera, con Isidora como el punto en que las dos clases
se encuentran, como la piedra de toque que revela los valores y problemas típicos de ambas. Y, consecuente con la visión aguileriana del realismo, Galdós templa su versión de
la realidad con una selección de hechos que implican, sin
retratarlos detenidamente, como haría Zola, las crudezas más
abyectas en que se va abismando social y moralmente Isidora.[17]

4.

   Hemos visto funcionar la comparación del mundo español
con el teatro a dos niveles en la obra de don Benito: en *León
Roch* y *Un faccioso más* se retrata la vida nacional como una
comedia de apariencias cuyo propósito es enmascarar las acciones e intenciones verdaderas de la gente; con *La desheredada* se llama la atención del público a la estructura teatral de

la sociedad por su manera de emplear listas de personajes, diálogos y direcciones escénicas para representar los tipos y conflictos normales en la misma. Creo que esta comparación, que data desde los griegos y romanos por lo menos, tiene un papel más amplio todavía en Galdós, y llega a formar un principio temático y estructural de su novelística entre 1881 y 1889.[18] Como el Hamlet del «Ser o no ser, esa es la cuestión», Isidora no puede aceptar el fin de sus sueños de nobleza y vida fácil y elegante, al ser informada por el notario Muñoz y Nones de que su pretensión de ser nieta de la marquesa de Aransis es falsa: se pregunta, «¿Soy o no soy?» (II, xv, 2; 459). La gran diferencia entre ella y el príncipe de Dinamarca es, sin embargo, que Hamlet decide entre dos posibilidades reales, mientras Isidora evalúa una imaginaria, la otra practicable. Puede intentar seguir en la comedia en que la metieron los locos de su padre y el tío canónigo, o seguir el consejo del notario y aceptar una «existencia humilde... sin los desasosiegos de la ambición» que podría «hacerla... dichosa» (II, xv, 1; 458). Isidora no se siente capaz de seguir este segundo curso. Contra toda razón afirma «Soy noble, soy noble. No me quitaréis mi nobleza, porque es mi esencia, y no puedo ser sin ella» (II, xv, 2; 462). Y, sin hacer que su vida sea noble, persiste en la comedia de una nobleza supuesta, que sus acciones siguen desmintiendo hasta el final de la novela; para entonces ella misma tiene que decir, «Ya no soy noble», a don José Relimpio, el último que cree en su farsa (II, xviii; 503). El mensaje galdosiano es claro. En el último capítulo del libro, titulado «Moraleja» y que consiste en dos oraciones, se indica la necesidad de trabajar de verdad —como los dos representantes de la clase media, el doctor Miquis y Juan José Castaño en la ortopedia— para encontrar la satisfacción de todas nuestras metas. La aplicación a la situación española se entrevé en la dedicatoria del libro «a los maestros de escuela» para que inculquen en las generaciones nuevas «Aritmética, Lógica, Moral y Sentido Común». Esta enseñanza es vital en un país donde la gente prefiere las apariencias a la verdad, donde abundan los Tellería, Rufete, y Peces, y son tan pocos los Roch y Miquis que procuran ser y no sólo parecer.[19]

La siguiente novela galdosiana sigue indagando la verdad bajo las apariencias de la vida nacional. Cuando el hermano del personaje titular de *El amigo Manso* piensa dedicarse a la nación como político, Manso se cree obligado a informarle de lo que él ha observado: «existe un país convencional, puramente hipotético» que aparece sólo en «todas nuestras campañas y todas nuestras retóricas políticas». «Era necesario distinguir la patria apócrifa de la auténtica, buscando ésta en su realidad palpitante»; y esto significaba «cerrar los ojos a todo este aparato decorativo y teatral y luego darse con alma y cuerpo» —como Galdós mismo— «a la reflexión asidua y a la tenaz observación» (ix; 1189). Por desgracia el profesor Manso aprende, en su propia carne, cuán difícil es este empeño al enterarse, por fin, de la comedia que su discípulo Manolo Peña y su protegida Irene han mantenido para encubrir su creciente amor. El golpe es tan rudo que Manso, secretamente enamorado de Irene, la cede a Peña sin una palabra; como consecuencia del engaño que él —el sabio, el maestro— no supo descifrar, Manso se queda psicológicamente aniquilado y termina negando su propia existencia.[20]

Un año después se publica *El doctor Centeno,* la historia del muchachillo que se escapó del Socrates de *Marianela,* Felipe Centeno, y la de sus amos, el cura sin vocación Pedro Polo y el impráctico estudiante aspirante a dramaturgo Alejandro Miquis. Vista desde la perspectiva de *El amigo Manso, El doctor Centeno* narra, no el doloroso y tardío aprendizaje social de un hombre maduro de cierto relieve en Madrid, sino el proceso a través del cual un pequeño buscón aprende a juzgar a hombres y mujeres sin dejarse engatusar por las apariencias que mantienen habitualmente.[21] Por su edad Felipe no puede comprender todas las razones que determinan la brutalidad de Polo y la falta de éxito de Miquis, pero es un «tenaz observador» de sus amos y de todos los que pueden influir en su precario bienestar. Mientras Manso comprende la teatralización de la vida nacional ejemplificada en la política y tarda bastante en reconocer su continuación en la vida privada, Felipe observa —despierto y espantado— cómo las mañas de Cienfuegos sirven de pretexto para sacar dinero a Miquis, y cómo «La Tal», valiéndose de otros ardides más poderosos, aunque tan falsos como las palabras del «amigo» Federico Ruiz, saquea a su amo enfermo. Al final de *Centeno* Felipe, conversando con el folletinista en ciernes Ido del Sagrario mientras van al entierro de Miquis, sabe muy bien diferenciar entre las gentes, apreciándolas en su justo precio. Felipe no ha llegado a ser doctor, pero posee un buen corazón y tiene los pies bien plantados en el escenario resbaladizo que es Madrid. Cuando Ido le habla de una colocación muy vistosa paseando en coche de caballos, «tocando la corneta para que bajen las criadas» a comprar, Felipe sólo quiere saber cuánto recibirá en pago «por ese trajín de estar todo el santo día en la calle dando trompetazos» (II, iv, 6; 1467). ¡Qué contraste con el medio iluso Ido, y la ruina de la familia de Polo y su degeneración brevemente descrita por Ido! Es posible que Felipe no llegue a tener gran éxito, pero lo vemos viviendo frente a frente con las verdades que otros no reconocen o que intentan oscurecer. Vivirá la «existencia humilde» que rechazaron Isidora y Alejandro; al tener que ser mucho más observador que Manso se dará cuenta más rápidamente de los móviles reales de las acciones de los otros.

Tormento, la cuarta novela de la década, se escribe a principios de 1884. Se trata de las relaciones entre una pobre huérfana, Amparo Sánchez Emperador y dos hombres: el cura Pedro Polo y el rico indiano Agustín Caballero. Deshonrada por el primero, se encuentra solicitada en matrimonio por el segundo. No sabiendo cómo resolver su problema, ella recurre a un suicidio del que se salva gracias a la perspicacia de Felipe Centeno, ahora al servicio de Caballero. El indiano se entera de las relaciones ilícitas entre ella y Polo, y, después de reflexionar mucho toma una decisión: se irán a Francia para vivir, pero sin casarse. Caballero es demasiado hombre de su tiempo y de su país nativo para hacerla su esposa; sin embargo, él es mayor, se juega su felicidad, y llega a una justificación de su acción. Compara la vida salvaje de América con la realidad social española, y recuerda sus propósitos de vivir las reglas sociales después de la anarquía de su pasado americano. Completamente desengañado por sus experiencias con Amparo y la vida de apariencias que sus amores con Polo representan, se declara a sí mismo:

> Se acabó el artificio. ¿Qué te importa a ti el orden de las sociedades, la religión, ni nada de eso? Quisiste ser el más ordenado de los ciudadanos, y fue todo mentira. Quisiste ser ortodoxo: mentira también, porque no tienes fe. Quisiste tener por esposa a la misma virtud: mentira, mentira, mentira. Sal ahora por el ancho camino de tu instinto, y encomiéndate al Dios libre y grande de las circunstancias. No te fíes de la majestad convencional de los principios, y arrodíllate delante del resplandeciente altar de los hechos... Si esto es desatino, que lo sea (xxxix; 1567).

Esta decisión hace pensar en la de León Roch cuando, en contra de los deseos de Pepa Fúcar y los suyos, negó la idea de marcharse con ella y la hija para Francia. Con Agustín y Amparo, pues, presenciamos un cambio importante en el mundo de Galdós por ser tan ilícita la vida común de los unos como podría serlo la de los otros. Parece que los personajes galdosianos están hartos de la comedia social española y prefieren la vida menos hipócrita del país vecino. En *Lo prohibido* (1884-1885) se comprueba esta hipótesis de una manera interesantísima: León Roch ha dado al traste con la comedia también; vive en Pau con Pepa y la pequeña Monina. Y, años después, Galdós sigue representando a Francia como el refugio de españoles cansados de las hipocresías y guerras intestinas de su país. Santiago Ibero hijo y Teresa Villaescusa, mujer reformada, pero de historia, llevan una vida de trabajo y paz en Itsatsou y París (5.ª serie de *Episodios*), que les hubiera sido imposible dentro de España.

La mención de Teresa Villaescusa, que aprende y vive del comercio de encajes finos con Ursula Plessis, mujer francesa, y el ejemplo de Aurora Samaniego *(Fortunata y Jacinta)*, viuda de un francés, que puede abrir una tienda de ropa blanca gracias a sus conocimientos comerciales adquiridos en Francia, forman un contexto, al parecer nunca comentado, para comprender las acciones del protagonista titular de la siguiente novela galdosiana, *La de Bringas*. La crítica acepta el juicio del narrador sobre Rosalía, protagonista de la obra: es una mujer frívola, conducida a la prostitución elegante por su amor a la ropa fina, y sólo merece desdén y condenación.[22] Lo que no se aprecia cuando enfocamos la historia de Rosalía desde esta perspectiva es el proceso de liberación que ella experimenta. Después de vivir completamente bajo la autoridad moral y económica de su ñoño marido, Francisco Bringas, Rosalía llega a ser, como dice el narrador, el sustento verdadero de la familia a partir del trastorno mental y cesantía que sufre Bringas en los días del triunfo de la Revolución de 1868. En el contexto de la corrupción moral que Galdós, especialmente después de *León Roch,* observa y retrata, cabe preguntarse seriamente por los criterios en virtud de los cuales se puede juzgar a Rosalía. Hay que recordar que el burócrata Pez vende influencia, Bringas se queda ciego trabajando en «un delicado obsequio con el cual quería... pagar diferentes deudas» a Pez, y que el narrador mismo se encuentra necesitado de los favores de Pez y Bringas para resolver sus problemas con el gobierno (ii; 1589). Cuando la pobre Rosalía, pues, comercia con su cuerpo para conseguir lo que necesita, ¿no se asemeja a Pez, a Bringas y al narrador? ¿Qué más hace ella sino vender lo que tiene en el mercado? En la España del tiempo de *La de Bringas,* las mujeres pueden intentar sobrevivir como costureras —por ejemplo, las hermanas Sánchez Emperador de *Tormento*—, pero malamente. ¿Qué oportunidades serias hay para una mujer que no se resigna a una vida mísera sin fin y de vejez prematura (la mujer de Ido del Sagrario), o que se harta de la dominación de un hombre cuya única superioridad sobre ella es el hecho de haber nacido varón? Como ve claramente el protagonista de *Tristana,* no había otra posibilidad que la prostitución.[23] El caso de Aurora Samaniego es una excepción que prueba la regla de la esclavitud económica de la mujer española. Aurora vive libremente —como los hombres— sólo porque posee los conocimientos económicos que la hacen independiente; y, como Teresa Villaescusa, los adquirió de un francés mientras vivía en Francia.

Sin querer, pues, sancionar la prostitución de Rosalía, es necesario intentar comprenderla. Con *Tristana*, ocho años después de *La de Bringas*, Galdós hace una exposición muy clara de la situación socio-económica de la mujer española que ha sido muy comentada. La historia de Rosalía, a pesar de todas las faltas personales de ella, nos hace vivir desde dentro la hipocresía y comedia social de quienes condenan su conducta sin hacer una crítica a fondo de aquella sociedad que tiene a Pez, Bringas y el narrador como miembros respetables.[24]

Lo prohibido se escribió al año y medio de terminar *La de Bringas*. Sabemos que esta novela no le gustó a don Benito.[25] Al mismo tiempo parece compartir con las siguientes novelas, *Fortunata y Jacinta y Miau*, el acercamiento galdosiano al problema verdadero del país: la podredumbre moral que hace vano cualquier proyecto de regeneración política o económica a nivel nacional. José María Bueno de Guzmán *(Lo prohibido)*, Juanito Santa Cruz *(Fortunata)* y Víctor Cadalso *(Miau)* son hombres enviciados, malos o frívolos, que hacen papeles maquiavélicos en la comedia social en la cual guardar las apariencias es muchísimo más importante que ser honrado. Son zánganos completos con respecto a todo lo que podría ayudar en la realización del proyecto de reforma socio-económica que sirve de base a «Observaciones» y a la revolución que inspiró al joven Galdós. En lugar de continuar en el comercio familiar de vinos y contribuir a la creciente subida económica del país, a la muerte de su padre José María liquida el negocio y se dedica a vivir de sus rentas;[26] para entretenerse pasa el tiempo seduciendo a sus primas madrileñas. Juanito rechaza la oferta de dinero que le hace su padre para que ejerza por su cuenta el comercio; prefiere vivir sin trabajar, figurando, seduciendo a mujeres del pueblo como Fortunata. Estos dos señoritos desmienten la corrección aparente de sus costumbres. Son todo menos ejemplos de la «noble e insaciable aspiración», del «afán de reformas», de la «actividad pasmosa» que caracterizan la parte progresista y liberal de la clase media descrita por Galdós en 1870. Son, por el contrario, burgueses en el peor sentido de la palabra. Víctor Cadalso, el tercero del triunvirato, no disfruta de la gran riqueza de sus hermanos espirituales, pero quiere ser como ellos y los imita en lo posible. Tipo de la clase media baja de provincias que hace carrera en la burocracia, se vale de toda clase de trapisondas, amores y amancebamientos para medrar personal y profesionalmente. Llega a vencer a su suegro Ramón Villaamil al hacer que su pragmatismo maquiavélico triunfe sobre la honradez activa del pobre viejo en la contienda de su nueva colocación en la burocracia; se convierte en el cadalso del suicidio de su suegro. Mal asunto para España el hacer Víctor desfalcos importantes y medrar a pesar de todo, y por ser Villaamil persona que intenta pensar seriamente sobre cuestiones de Hacienda para establecer bases económicas más seguras para el país y el gobierno.[27] La ridiculez de Villaamil que comenta la crítica es, pues, la reacción que produce el verdadero espectáculo de un hombre probo en una sociedad corrompidísima que lo come vivo. Su mujer —«gastona si las hay»— tiene razón absoluta al repetirle constantemente: «Tú no sabes vivir».

Fortunata y Jacinta (1886-1887) se considera la obra maestra de Galdós. Recordando que tales juicios sólo se pueden hacer dentro de un esquema de criterios generalmente aceptado por la crítica, podemos afirmar que, desde la perspectiva de la estética socio-mimética, la grandeza de la novela consiste en la claridad comprensiva con que retrata y analiza el estado real de la sociedad española entre 1869 y 1876, los años claves de la pérdida de una España liberal.

Para críticos que tienden a situar cualquier texto literario en su circunstancia literaria y que olvidan el contexto

social, el «vistazo histórico sobre el comercio matritense» y
su continuación en la historia de Estupiñá (I, i-ii) que escribe
Galdós a principios de *Fortunata* es innecesario y fastidioso.[28]
Para nosotros este «vistazo» es la versión galdosiana de los
orígenes de la clase en que cifraba tantas esperanzas en «Observaciones» y Juanito Santa Cruz, producto «último modelo» de esta historia, es la prueba e ilustración de su evolución truncada, de su negativa a la misión socio-histórica que
se le señala, por tanto, de su paso de clase media a burguesía
conservadora. El índice más exacto de su corrupción es el
trato que da a Fortunata, representante del pueblo bajo. Cuando la clase media (Maxi Rubín, el boticario Ballester y el
viejo Feijoo) intenta mejorarla y elevarla, la burguesía se
aprovecha de ella; primero sexualmente, después genética-
mente al reclamar los Santa Cruz como suyo al hijo que produce, el hijo que la burguesía estéril, Jacinta, no puede concebir.[29]

Esta corrupción de la sociedad burguesa, su absoluta falta de principios, mejor dicho su comedia de principios, encuentra su exposición más clara en los consejos del «perro
viejo» Feijoo a Fortunata cuando deja de ser su amante para
hacer las veces de padre. Fortunata está casada con Maxi,
pero está enamorada de Juanito; Feijoo sabe la poca aptitud
histriónica de ella, e intenta guiarla para que pueda sobrevivir socialmente donde su matrimonio con el uno y su amor
por el otro la hacen moverse. Feijoo se expresa de una manera deliberada: «Guardando... las apariencias, observando... las reglas... del respeto que nos debemos los unos a los
otros..., y..., sobre todo, esto es lo principal..., no descom-
poniéndose nunca... se puede hacer todo lo que se quiere»
(III, iv, 6; 342). Según el narrador el cuidado de Feijoo al
hablar hace pensar en «un dómine que repite la declinación
a sus discípulos» (342). Y para que esté bien instruida Fortunata, días después de darle estos consejos un tanto generales, Feijoo relaciona su «filosofía» con la acción; le explica
cómo puede uno hacer lo que quiera sin dar qué hablar a
la gente: «Y en un caso extremo, quiero decir, si te ves en

el disparadero de faltar [a Maxi con Juanito], guardas el decoro, la corrección, la decencia; éste es el secreto, compañera» (III, iv, 9; 353). Y en este momento preciso comenta el narrador el efecto de pronunciar estas palabras sobre el propio Feijoo: «Detúvose asustado, a la manera del ladrón que siente ruido, y se volvió a poner la mano sobre la cabeza, como invocando sus canas. Pero sus canas no le dijeron nada» (353). Feijoo, que es un hombre fundamentalmente decente, se da cuenta de la perversidad de lo que aconseja a Fortunata; va en contra de una moral verdadera para edificar en su lugar una farsa social de apariencias que sustituye a esa moral. Sin embargo al pensarlo un poco, Feijoo reafirma mentalmente sus consejos por corresponder éstos a las leyes reales que rigen en la sociedad madrileña. Y rechaza la tentación de volver a Fortunata para desdecirse con estas palabras: «No te reselles, compañero, y sostén ahora lo que has creído siempre. Esto es lo práctico, lo único posible» (III, iv, 10; 354).

En Galdós sólo los locos intentan cambiar la sociedad; los cuerdos, sean buenos, malos o regulares en su vivir, no le hacen frente nunca. Entre los personajes de *Fortunata* Juanito Santa Cruz, Moreno Isla y Aurora Samaniego son otros «adeptos» de la filosofía de Feijoo. Fortunata, como teme su preceptor, no es capaz de ser actor social como éstos, y «se descompone» al conocer personalmente a Jacinta y al enterarse de los amores secretos de Aurora con Juanito. Quizá sea simbólico el que muera como consecuencia de esta última «descomposición»: no puede sobrevivir en la sociedad por no poder seguir las reglas hipócritas con las que los burgueses «maquiavélicos» han pretendido controlar la sociedad desde la época de Salvador Monsalud. No es por casualidad tampoco que Fortunata siempre justifique su amor a Juanito invocando la «Naturaleza» y quitando valor a toda convención o regla social contraria a su conducta «natural». Ella no puede vivir artificiosamente. Sus acciones y ser íntimo tienen que estar en correspondencia estrecha, y por eso es el personaje de la novela que más se preocupa por la moralidad de sus acciones.[30] En vista de todos estos factores, pues, su muerte es una condena de la sociedad que la corrompió, y que la saqueó después de muerta, sin poder ofrecerle a cambio nada de valor.

Generalmente *La incógnita* se considera como precursora de una obra mucho más importante: *Realidad.* Esta descubre la verdad, o la realidad, que yace bajo las apariencias engañosas, mientras aquélla sólo presenta las apariencias en sí, que resultan imposibles de descifrar.[31] Aunque esto no deja de ser cierto y es una interpretación de las dos novelas favorecida por el último capítulo de *La incógnita,* es incompleta, especialmente en el contexto de nuestro estudio del *theatrum mundi* y la estética socio-mimética en Galdós.[32]

En términos concretos la problemática de *La incógnita,* desde la perspectiva de su protagonista Manolo Infante, es doble: en primer lugar su incapacidad de hacer el amor con su prima Augusta, la hija de su padrino Carlos Cisneros; y luego la imposibilidad de descubrir quién, en lugar de él, tiene ganado el puesto deseado en la vida afectiva de Augusta, puesto que tampoco ocupa su marido Tomás Orozco. Augusta y los amigos que Infante cree sus posibles amantes saben disimular tan bien sus acciones verdaderas, bajo apariencias correctas pero falsas, que Infante no puede averiguar la verdad. Como se recordará él se crió en el extranjero y tiene poca práctica en los usos y costumbres madrileñas. Asimismo Cisneros, su guía en Madrid, después de haber sido identificado como actor social por Infante, aconseja a éste la persecución adúltera de toda mujer que conozca. Llega a decirle incluso que las mujeres de sus amigos «que más respeto [le] infundan, son quizá las que más deseen que avanc[e]» él, y que en estas campañas, «La única regla que no debe echarse en olvido nunca es la buena educación, ese respeto, ese *coram vobis* que nos debemos todos ante el mundo» (ix; 708). Evidentemente Cisneros y Feijoo están de perfecto acuerdo con Monsalud, Roch, Manso, Caballero, etc. sobre la estructura teatral de la vida madrileña y de las reglas de juego vigentes. Sin embargo, en *La incógnita* Galdós insiste más en el tema; es la base del conflicto principal del protagonista.

Infante empieza su vida de diputado —diputado nada menos que por la Orbajosa de doña Perfecta— con un discurso sobre «la *Rectificación de listas electorales*» (x; 711), materia risible en vista de dos hechos. Por una parte vemos que Cisneros, gran propietario rural y cacique, es solicitado por un político, a causa de los votos que controla, a cambio de ciertos favores en pago. Por otra, sabemos que el discurso en sí es una farsa, un «pretexto para lanzar [a Infante]» políticamente (711); será contestado de una manera arreglada de antemano que permita que todos queden bien, y que sea tan letra muerta la «rectificación» en Cortes como en el campo controlado por Cisneros. Durante los tres meses que narra Infante termina olvidándose de sus deberes reales de diputado. Cuando queda desengañado de la sociedad burguesa que le abrió la puerta suya sin entregarle la llave, Infante quiere volver precisamente a Orbajosa. Lo que para él al principio era «la estrechez carcelaria de ese lugarón», ahora le apetece en comparación con el Madrid que ha llegado a conocer lo suficiente como para huir de él (i; 687). Pero no puede volver por haber cuidado tan mal de los intereses orbajosenses en Cortes (xli; 785).

Dada esta manera de entender *La incógnita, Realidad* es la revelación completa del interior de esa sociedad hipócrita burguesa. En *La incógnita* sólo llegamos a saber los pensamientos, motivos y conflictos reales de Infante porque él es el único personaje que se revela, en sus cartas al amigo Equis, el único que se quita la máscara.[33] Como Infante el lector sólo puede inferir lo que les ocurre a los otros personajes; es, pues, tan víctima de la comedia encubridora como Infante, origen de todo lo que se sabe —en *La incógnita*— de los otros. En *Realidad* el diálogo y los monólogos de los protagonistas Viera, Orozco y Augusta equivalen a las cartas de Infante; combinados constituyen una revelación completa de su vida interior, además de reflejar la farsa que mantienen para con la sociedad e Infante. Comprendemos lo que

Infante nunca logró por meternos en las ficciones y las apariencias exteriores de «la buena educación» de los burgueses.
El suicidio de Viera, hecho no explicado en *La incógnita,*
se ve claramente ahora como el intento de dejar de vivir hipócritamente; no puede soportar más la contradicción absoluta en que se ha involucrado su amistad con Orozco a causa
de su adulterio con Augusta.[34]

Pero, como la muerte de Villaamil, la de Viera tiene pocas, o ningunas consecuencias sociales. Aunque constituye
una condena absoluta contra un aspecto de la comedia que
vive la burguesía, el suicidio de Viera, tanto como el de Villaamil, es el acto de un ser atípico de la sociedad, pero también de un ser que permanece muy dentro de la misma hasta
que se despide repentinamente de ella. La gran mayoría no
se cuestiona a sí misma o a la sociedad, y sigue en la farsa
inconsciente y despreocupada por las razones de Viera y Villaamil.

A pesar de que Orozco está enterado del adulterio de su
mujer con Viera y de que Augusta lo sabe, la pareja no llega
a franquearse. Prefiere vivir en aparente armonía para mantener las apariencias de matrimonio bien avenido. La realidad
es, sin embargo, que va a vivir un divorcio espiritual. En
lugar de explicarse y procurar hacer un proyecto de vida auténticamente en común para el futuro, cada uno se encierra
en sí mismo y para sí mismo. Parece que vemos fallar a la
sociedad en sus raíces: una familia que no es sino la aparien-
cia de una familia, que no tiene hijos —es estéril, y sin
probabilidades de reforma. Por consiguiente, todas las muchas obras benéficas de Orozco suenan a falso frente al ejemplo de su vida personal. En cierto sentido él es tan farsante
como Bueno de Guzmán, Cisneros, Cadalso, Juanito Santa
Cruz, Moreno Isla, etc. Y si Orozco está dañado, el que mejor aparentaba conformarse con la descripción galdosiana de
la clase media en «Observaciones», ¿qué queda del programa
socio-novelesco de 1870? Evidentemente nada.

En *Realidad* presenciamos el fin de la estética que dio la
inspiración y razón de ser a la obra creativa galdosiana entre

1870 y 1889, especialmente a partir de la creación de *La familia de León Roch* en 1878. La clase media española madrileña se revela predominantemente burguesa conservadora, y, por lo tanto, indigna e incapaz de la misión histórica que tenía que desempeñar. Su vivir hipócritamente teatral quita valor a la obra de fiel observación y retrato de la sociedad que debía haber contribuido al liberalismo socio-político.

La forma epistolar de *La incógnita* y el dialogar completo de *Realidad* rompen con la forma narrativa básica de las novelas desde *La Fontana de Oro* y *La sombra* hasta *Miau*. En estas novelas el diálogo y la descripción se enmarcan en el narrar bondadoso y comprensivo de una voz que lo ve todo. El cambio formal de *La incógnita* y *Realidad* significa la abdicación de esa voz, su distanciación máxima de la materia social. Por comprenderlo todo no puede ya narrarlo bondadosamente, y se calla, dejando así que los personajes y sus acciones se autorepresenten. Galdós no quiere ocuparse más de ellos. Su acto de despedida es el análisis de las contradicciones esenciales que los españoles viven y que hace imposible cualquier proyecto importante —según los criterios de «Observaciones» y las esperanzas liberales de la Revolución de 1868— de una vida verdaderamente social. En este momento Galdós se dedica a lo humano y a lo ideológico, a la búsqueda de lo auténtico en un mundo donde reinan las apariencias. El mundo de Galdós llega a las últimas conclusiones lógicas de un proceso de observación y análisis iniciado con la teatralización de la obra en *La desheredada*.

PARTE III-3:

EVOLUCION CREATIVA DEL PENSAMIENTO GALDOSIANO (1889-1920)

En 1889 y 1890 Galdós publica las dos colecciones de obras creativas menores a las cuales hemos aludido en varias ocasiones. Encabezadas por *Torquemada en la hoguera* y *La sombra,* contienen escritos de 1868 a 1889 y de 1866 a 1889 respectivamente.[1] Constituyen una muestra de todos los géneros de prosa narrativa galdosiana y, en vista de lo que hemos expusto en las partes I y III-2 del presente libro, una especie de repaso de su obra en el momento de dar fin a la etapa socio-mimética con otros géneros desusados en él: una novela epistolar *(La incógnita)* y una «novela en cinco jornadas» *(Realidad).* El mundo de Galdós se tambalea; sus fundamentos socio-literarios han sido minados por el sesgo histórico que ha tomado el país. Don Benito necesita recapacitar para dar contestación a esta situación que hace inoperativa su estética de 1870 a 1889. Como vimos en el estudio de la teoría socio-literaria galdosiana, esta respuesta tiene al menos tres aspectos o fases, representados por 1) la serie de novelas que incluye *Angel Guerra, Tristana, Nazarín*, etc., 2) *La de San Quintín,* primera comedia de Galdós escrita sin versión novelesca anterior, y 3) *Alma y vida,* otra comedia sin precedente novelado, y primera obra galdosiana cuyo tiempo de acción —1780— sale del siglo XIX. Para Casalduero nos encontramos de paso del «subperíodo del conflicto entre la materia y el espíritu, 1886-92» hacia el «período espiritualista, 1892-97», la tercera serie de *Episodios nacionales,* 1898-1900, el «subperíodo de la libertad, 1901-07», el «período mitológico, 1908-12», y, finalmente, el «subperíodo extratemporal, 1913-18».[2] Veamos, pues, la evolución del mundo de Galdós al dejar éste la preocupación literaria por la sociedad como es y despertar a posibilidades aún no natas, pero envueltas en las tinieblas del corazón español y la imaginación observadora, analítica y sintética galdosiana.

1.

En la obrita *Torquemada en la hoguera,* escrita entre *La incógnita* y *Realidad,* creo ver el primer ejemplo en Galdós de una ficción enfocada sobre «el ser humano» de un personaje en lugar de su «ser social»; este tránsito es la característica más indicativa de la nueva novela galdosiana explicada en el discurso de ingreso de 1897. El que así sea no debe sorprender a nadie. ¿Qué otro personaje galdosiano figura como protagonista de cuatro novelas (1889, 1893, 1894, 1895) y como presencia de más o menos relieve en otras cinco escritas entre 1881 y 1889, y en un episodio *(Amadeo I)* de 1910? ¿Qué otro personaje galdosiano pasa de segundo plano en novelas socio-miméticas a primer plano novelesco cuando la vieja estética que le dio vida se está extinguiendo? ¿Qué hay, pues, en la figura de Torquemada que la destaca entre tantos seres creados por Galdós, que la hace materia idónea para dos tipos de creación socio-estética? Si podemos explicar esta cuestión, nos hallamos en posición, creo, de comprender mejor las versiones galdosianas de la novela de costumbres y personajes típicos y de la nueva novela de «seres imaginarios [de] vida más humana que social» *(Ens.,* 180).

La primera de las cuatro novelas de Torquemada anuncia en el primer párrafo el recurso elegido para hacer que el tacaño prestamista pase de mero tipo y personaje secundario a individuo y protagonista; el narrador declara: «Voy a contar cómo fue al quemadero el inhumano [Torquemada] que tantas vidas infelices consumió en llamas» y «cómo los odios que provocó se le volvieron lástima, y las nubes de maldiciones arrojaron sobre él lluvia de piedad» (i; 906). El Torquemada que los «amigos» del narrador «conocen ya», el tipo de *El doctor Centeno,* etc., se verá en un contexto nuevo que cambiará totalmente la idea que se tiene de él hasta el presente. En lugar de verlo desde fuera como el «inquisidor» económico de un Madrid que vive más allá de sus medios, lo conocemos como padre que no puede detener los pasos de la muerte que se acerca y, finalmente, siega al pequeño hijo idolatrado. Como hombre que vive del cuántovale y del tanto-por-ciento, piensa posible comprarle a Dios la salud y la vida del hijo por medio de buenas obras en él nada características. Resulta, sin embargo, que Dios no quiere «negociar» y que el hijo Valentín se le muere; la breve novela termina con Torquemada renegando de su simpleza: ¡haber hecho tales obras sin haber pedido garantías previas de ninguna clase (ix; 934-936)! Torquemada no cambia, pero se comprende mejor porque llegamos a ver el mundo con sus ojos. A diferencia de las novelas en que don Francisco es personaje en segundo plano, representante del tipo tacaño prestamista, *Torquemada en la hoguera* crea un conflicto donde el ser humano que late en el tipo se individualiza al ser retratado en la intimidad de su familia, de sus esperanzas y necesidades más profundas. Es tan persona —sin dejar de ofrecer su configuración de tipo— como lo son sus víctimas «infelices», por ejemplo Alejandro Miquis y Rosalía Pipaón de la Barca.

Con *Torquemada en la cruz* (1893) Galdós aleja a don Francisco del medio ambiente en que lo conocimos. Al morir doña Lupe, la de los Pavos, tía de Maxi Rubín y compinche de Torquemada (en *Fortunata*), extrae a éste la promesa de guardar ciertas consideraciones con algunos de sus clientes de ella; éstos son los hermanos del Águila, restos de una familia noble arruinada. A raíz de tratar a las dos hermanas y al hermano ciego Rafael, el carácter de Torquemada parece

evolucionar. Por primera vez en su vida perdona réditos (I,
ix; 954) y Cruz, la que manda entre los tres del Aguila, no
tarda en formar un plan de casamiento entre el prestamista
y su hermana Fidela.[3] Cruz cree ver en él, debajo de la aparente fiereza, la docilidad y la mansedumbre, y se considera
capacitada para «pulirle, raspándole bien las escamas»; si su
«hermana tiene un poco de habilidad», Cruz y ella podrán
hacer de él «lo que [les] convenga» (II, iii; 980). Don José
Donoso, amigo leal de los del Aguila, colabora en este proyecto e introduce a Torquemada en círculos sociales que dan
un campo más amplio y, sobre todo, menos deshonroso a sus
talentos económicos ingénitos De esta conspiración surge la
problemática de las últimas tres novelas —una trilogía— de
la serie. Pero, ¿cómo saldrá Torquemada del intento de cam-
biarlo por medio de una manipulación constante y, de hecho, despiadada? El foco principal de la atención de Galdós
es, por tanto, lo que le pasa a Torquemada. En medio de la
intriga social, del reportaje de los grandes éxitos financieros,
de los conflictos familiares, lo que da unidad, y razón de
ser, a las tres novelas es el estudio del efecto que produce
todo esto en don Francisco conforme asciende económica y
socialmente. Dice Galdós en el discurso de 1897, «al descom-
ponerse las categorías, caen de golpe los antifaces, aparecien-
do las caras en su castiza verdad» (*Ens.*, 180). El dinero y
el casamiento de Torquemada cambian su categoría social,
pero no su perspectiva sobre el mundo y los valores esenciales; al entrar públicamente en otra clase socio-económica,
estas cualidades se revelan extraordinariamente por estar en
contradicción con lo que el hombre llamado Torquemada parece ser. En la serie de Torquemada, pues, Galdós parte del
principio de que la sociedad nacional es un *theatrum mundi*
para dedicarse a la exploración de la humanidad que con tanta facilidad se enmascara.

Después de una cena que es la consagración social y económica de Torquemada, éste, ya marqués de San Eloy, y su
cuñado Rafael se franquean por primera y última vez. Don
Francisco admite que se encuentra completamente dominado

por su cuñada Cruz y totalmente violado por lo que le obliga
a hacer. Ejemplo de ello es que va a «tener que *hacerse* con
un palacio y *la mar* de pinturas antiguas, *diseminando* el dinero y privándose del gusto inefable de amontonar sus ga-
nancias para poder reunir un capital fabuloso, que era su
desideratum, su *bello ideal* y su *dogma*» (III, x; 1.106).
Como observa Rafael y acepta tranquilamente el de San Eloy,
el tacaño de antes no ha variado sino en la forma de ganar el
dinero.

La tercera novela de la trilogía, *Torquemada y San Pedro* (1895), narra la muerte del protagonista titular a consecuencia de las constantes derrotas, a manos de Cruz, que
e han minado la salud. Su última escapada a los barrios del
ır de Madrid, donde era feliz ejercitando su «santa volun-
ad», se inicia por el temor a que Cruz le esté intentando
envenenar a través del cocinero francés. Y aunque ésta es la
idea de un hombre ya muy enfermo, a todo lo largo de *Torquemada en el purgatorio,* la segunda novela de la trilogía,
don Francisco repite diferentes versiones del siguiente repro-
che a su mujer Fidela con respecto a su cooperación con Cruz:
«Pues... me anticipen a mí la muerte, ¡Cristo! , que con tanto jicarazo me parece que no está lejos. Fidela, tu hermana
me abrirá la sepultura en el momento histórico menos pensado» (II, x; 1.072).

Desde nuestra perspectiva esta trayectoria del tacaño
prestamista de la calle de San Blas al tacaño/capitalista/mar-
qués del palacio de Gravelinas ofrece una perfecta concordan-
cia con la declaración estética del Galdós de 1897: el tipo
Torquemada de 1883 a 1887 se pierde, «pero el hombre
[Torquemada] se nos revela mejor, y el Arte [nuevo prac-
ticado por Galdós] se avalora sólo con dar a los seres [o
personajes] imaginarios una vida más humana que social»
(*Ens.,* 180). Presenciamos una especie de *via crucis* de Torquemada en el que lucha inútilmente, con todo su ser, para
preservar la integridad de su ser de siempre. Aunque es vencido, para nosotros lo importante es el proceso de auto-reco-
nocimiento por el cual pasa. Torquemada se viste de frac,

pero, a diferencia de Isidora Rufete, Miquis, Rosalía, Juanito Santa Cruz, el amigo Manso inclusive, no se engaña nunca a sí mismo sobre su situación y ser verdadero. Su error era no entender que los de Aguila no iban a aceptarlo tal como era y quería ser. De esta equivocación arranca el proceso desgarrador que nos revela al ser humano cuyo antifaz o máscara social —marqués, senador, etc.— tiene tan poco que ver con su vida esencial.

2.

Las otras novelas del tipo de la serie de Torquemada son *Angel Guerra* (1890-1891), *Tristana* (1892), *Nazarín* (1895), *Halma* (1895), *Misericordia* (1897) y otra novela dialogada, *El abuelo* (1897). Como Salvador Monsalud, Angel Guerra después de un período de activista político muy agitado, pero infructífero, se encuentra de esta manera: «El desengaño de las cosas políticas labraba surco profundo en su alma, que se sentía corregida de ilusiones falaces» (I, i, 6; 1214). Compartiendo el análisis de la sociedad española que vemos en Galdós entre 1878 y 1889 (véase: I, iv, 8; 1270), Angel emprende una búsqueda de acción y de ser auténticos que lo llevan a enamorarse de Leré, la institutriz de su hija Ción. Con la muerte de la pequeña, Leré se dedica a la vida religiosa y León se propone hacerse cura. Al final de la novela reconoce este nuevo engaño en su vida —la sublimación de un amor humano por la religión, y muere tranquilo y contento consigo mismo. Tiene «la conciencia... como un espejo», viendo «con absoluta claridad todo lo que hay en el fondo de ella» (III, vi, 5; 1530). Después de tanto equivocarse la comprensión exacta de su situación real le recompensa por todo. En *Angel Guerra* la verdad del ser humano vale más que la vida misma. La sociedad existe en la novela como sede de las necesidades prácticas que se interponen entre el individuo y esa verdad.

Tristana narra la historia de una mujer que rechaza el papel que la sociedad impone sobre la mujer —sobre Rosalía, la de Bringas, las hermanas Sánchez Emperador, Jacinta y Fortunata, por ejemplo. Ella quiere «un medio de vivir» en lugar de cualquiera de las tres «carreras [tradicionales] para las mujeres: el matrimonio, el teatro y...» la prostitución (xiii; 1570). Su deseo de vivir en plan de igual a igual con los hombres se malogra, y termina casándose con su protector/corruptor don Lope. Pero consta que la novela versa sobre un proyecto de sobrepasar los artificios sociales, mientras revela las posibilidades humanas de la mujer que experimenta la necesidad de realizarse y no ser simple pieza en el engranaje de la máquina social al uso.

Nazarín y *Halma* se citan en las bibliografías de obras galdosianas como obras que delatan lecturas de grandes plumas europeas.[4] Sin dejar de ser posible, e incluso probable, la influencia de otros escritores en la elaboración de estas dos novelas, lo que impresiona y les da sentido dentro del mundo de Galdós es su consecuencia con el signo estético reinante de ese mundo. El cura Nazarín, que vive entre pobres y ejerce su ministerio entre ellos, no tiene beneficios y vive contento, pero malamente. Su vida es una verdadera *imitatio Christi,* que acaba por atraer desfavorablemente la atención pública hacia el cura que rechaza el papel social acostumbrado o típico de los sacerdotes: decir su misa, predicar con palabras bonitas, y engordar. No se sabe si Nazarín se separa de esta rutina por santo, por loco o por «pillete muy largo, pero muy largo» (II, iii; 1696).

En *Halma* Nazarín ha sido puesto bajo el control del cura del pueblo cerca del cual la condesa y fundadora Halma ha establecido su Casa Misericordia. Poco a poco Nazarín tiene un papel más grande en la novela. Su vida ascética y su obediencia absoluta contrastan con el comportamiento del cura Manuel Flórez que «más que por la miseria humana» se preocupaba por «la elegancia de [sus] hebillas de plata» (III, v; 1821), y con el cura ambicioso, pero postergado, Remigio Díaz de la Robla. Al final de la novela Nazarín hace que Halma evite el error en que cayó Angel Guerra, disponiendo que se case con su primo José Antonio de Urrea en lugar de intentar vivir un misticismo falso en su caso (véase: V, viii; 1869).

La coincidencia, al parecer perfecta, entre las palabras y las acciones de Nazarín obliga a Manuel Flórez, Halma y, entre otros, al lector a cuestionar seriamente los motivos y la significación de Nazarín en sí, y de su sentido en el contexto del sacerdocio contemporáneo católico en España. Es posible que ni el lector ni Nazarín sepan toda la verdad de sus acciones y pensamientos; sin embargo, esas acciones y lo que sabemos de sus pensamientos nos obligan a todos a profundizar en el ser humano de Nazarín y, de ahí, a reflexionar sobre su índole social. Nazarín no tiene un dogma que predicar tanto como un proyecto de vida que ensayar. Y ese proyecto es el intento de vivir frente a frente con sus deseos y necesidades más íntimos, sin esquivar nunca las consecuencias que trae consigo ese vivir. Angel Guerra llega a este punto y muere; Nazarín, al final de *Halma,* sigue con vida, implícitamente obliga al lector a no pensar nunca en él como un personaje explicado y concluido, sino como pregunta viviente que le hace cuestionar continuamente la autenticidad de sus acciones y pensamientos.

Misericordia y *El abuelo* son las últimas obras comúnmente incluidas entre las creaciones maestras de Galdós. Como las otras novelas de la estética humana, se hallan enfocadas sobre figuras en vías de separarse de los papeles y caminos normales de la sociedad. Benina, la heorina verdadera de *Misericordia,* deja de ser el tipo de la criada sisona, pero fiel, para dar un ejemplo de misericordia abnegada, respecto a su señora, doña Francisca Juárez de Zapata. En *Misericordia* la penuria inicial de la señora produce las consecuencias morales de la «descomposición» de las categorías sociales de que habla don Benito en 1897 en «La sociedad presente». Mientras Benina se hace menos egoísta, doña Francisca se revela ingrata y débil. Por sus acciones respectivas Benina es la señora, doña Francisca la criada. La verdad humana de los dos personajes se ve al caer «los antifaces» de sus papeles convencionales en el teatro social de Madrid.[5]

En *El abuelo* «Don Rodrigo de Arista-Potestad, conde de Albrit, señor de Jerusa y de Polán, etcétera», ha dejado de ser una gran figura de la sociedad por haberse arruinado en el pasado. Viejo y cansado vive de la limosna de unos parientes que quieren deshacerse de él. El magno trabajo de su senectud es descubrir cuál de las dos muchachas que pasan por nietas suyas, Nell y Dolly, no lo es por ser hija de la infidelidad de la nuera para con su marido, el hijo del conde. Como el rey Lear, en quien debió de inspirarse Galdós, Albrit tiene que abandonar todas sus ideas recibidas de la sociedad, conforme va conociendo los motivos y caracteres esenciales de sus llamadas nietas: sobre todo cuando descubre que la espuria por la sangre es la verdadera por los afectos y las acciones. Según las convenciones sociales Nell es su nieta; según la razón humana, el enfoque galdosiano en este grupo de novelas, sólo a Dolly le cuadra el nombre.

3.

Hay un aspecto de «La sociedad presente» en el cual no hemos puesto mucho hincapié. Se trata de las especulaciones de Galdós sobre la relación entre el arte y la sociedad, que incluyen el razonamiento a favor de la estética humana de las novelas de *Angel Guerra* a *El abuelo,* pero que no se agotan en esa estética. Dichas especulaciones tienen un denominador común: su referencia hacia un futuro, no especificado, en el cual nuevas y poderosas formas sociales y literarias sustituirán las formas actuales insuficientes y quizá agotadas. De la descomposición social actual Galdós espera ver «una fermentación de la que saldrán formas sociales que no podemos adivinar, unidades vigorosas que no acertamos a definir en la confusión y aturdimiento en que vivimos» (*Ens.,* 178). Esta esperanza es, a mi entender, la base socio-literaria de una serie de comedias galdosianas, de asunto contemporáneo, con una excepción:[6] *La loca de la casa* (novela dialogada-1892, drama-1893), *La de San Quintín* (27-I-1894), *Los condenados* (11-XII-1894), *Voluntad* (20-XII-1895), *La fiera* (23-XII-1896), *Electra* (30-I-1901), *Mariucha* (16-VII-1903), *Casandra* (novela dialogada-1905, drama-1910), *Celia en los infiernos* (9-XII-1913).

Estas obras de 1892 a 1913 ofrecen versiones esquematizadas de las fuerzas conflictivas de la sociedad española del día. Los protagonistas, más o menos felizmente realizados, se identifican, fácil y claramente, como representantes o símbolos de estas fuerzas, sin ser personajes típicos de la sociedad. Son figuras cuya vida encarna motivos humanos fundamentales, pero cuya esencia consiste en la dimensión social de sus problemas y conflictos; se conciben sólo dentro del contexto de una crítica del estado presente de la vida nacional, y existen más como esperanza que como realidad. Mientras las estéticas socio-mimética y humana producen obras que se pueden leer o que se prestan a lecturas simbólicas, este grupo de obras nos da estructuras de personajes y acciones cuyo único sentido radica en reconocer el valor representativo o simbólico de los personajes y sus conflictos.[7] Esta característica influye bastante en la calidad literaria de las obras del grupo. Y Galdós parece haber comprendido esta consecuencia de su nueva estética simbólica a nivel teórico, en su prólogo a *Los condenados,* sin reconocer su presencia en *Los condenados* mismo. La crítica por su parte tuvo poco bueno que decir de la obra. El problema del artista simbólico del tipo galdosiano, o ibseniano en *La casa de muñecas, Los aparecidos,* etc., es poder crear personajes representativos sin que lleguen a ser meras «personificaciones de ideas abstractas», caracteres «deshumanizados».[8] El éxito público y crítico de *La de San Quintín,* obra denominada simbólica por todos, señala, pues, que don Benito pudo en ese caso encarnar su pensamiento social en un argumento teatral y literariamente concebido y ejecutado.[9] Para comprender mejor esta tercera estética galdosiana, la del simbolismo ideológico, creo difícil encontrar mejor introducción que la ofrecida por la crítica periodística que siguió al estreno de *La de San Quintín.*[10]

Alfredo F. Feyjóo, en *El Ideal* el 28 de enero de 1894, proclama el estruendoso éxito de la comedia. Ve en *La de San Quintín* «no sólo el primer estreno de la temporada, sino la primera manifestación de un nuevo género y una nueva escuela genuinamente española, castiza y seria». Feyjóo observa en el autor del drama «el espíritu del pensador profundo y convencido» que presenta el «simbolismo de las luchas que hoy nos agitan y confunden»; y este «simbolismo» queda «encarnado» en los personajes de la obra. Feyjóo, «Kasabal» (José Gutiérrez Abascal, en *El Nuevo Mundo,* 1-II-1894), y José Zahonero (en *La Justicia,* 1-II-1894), reconocen en la duquesa, los Buendía y Víctor, según palabras de «Kasabal», «la aristocracia antigua arrinconada, la clase media enriquecida y ocupando el puesto que aquélla abandona, y el pueblo con nuevas aspiraciones». El reseñador anónimo de *El Socialista* (2-III-1894) declara que el «pensamiento capital de la obra, desarrollado en una fábula sencilla y en un simbolismo al alcance de las más obtusas inteligencias, es de tendencia demoledora de la sociedad burguesa». Galdós, «antiguo diputado de la mayoría sagastina» (1886-1890), está desconocido al aparecer como «escritor de las teorías socialistas».[11] Ha sabido encerrar «en el estrecho marco de una comedia el presente y el porvenir de la sociedad: la burguesía en la odiosa y decrépita familia de los Buendía; el proletariado o el Socialismo en la generosa y simpática figura del inteligente Víctor, el 'hijo de nadie', el 'nieto de Adán'». La duquesa Rosario, el pasado, «unid[a] en estrecho abrazo» con Víctor al final de la obra, se aparta de «la familia Buendía [que] representa el *mundo que muere*» para convertirse «en proletaria —el *mundo que nace*». «Kasabal» hace hincapié en que Víctor y Rosario encontrarán esta realidad naciente «por esos mundos de Dios, a las tierras nuevas [las Américas], a los países que no tienen historia y donde nada significa un blasón con cuarteles regios, y donde no siente humillarse el que no puede llevar el nombre de sus padres».[12] Zahonero ve en este final de la comedia un símbolo que existe en el mundo y del cual se vale Galdós: «sólo la ley del amor acabará la guerra de clases; el día que el pueblo se eleve por la fuerza del trabajo y la cultura [como Víctor], hallará cerca de sí, labios con labios, la hermosura de las reinas». Zahonero niega que el planteamiento y desenlace de *La de San Quintín* sean «ni socialista, ni individualista, ninguno de esos ridículos *istas,* vestimentas de guerra de los comparsas de todas las pedanterías; es ser humano». Finalmente, el articulista anónimo de *El Movimiento Católico* (26-II-1894) expresa su desacuerdo con todos. En la comedia, «aparte de ciertos méritos de observación y de diálogo, y de grandes falsedades hábilmente presentadas para que el público las trague como cápsulas de medicamentos amargos, sólo se ve el mismo espíritu revolucionario que palpita en casi todas las novelas del Sr. Galdós». *La de San Quintín,* para este señor, «sólo envuelve el desatinado intento de halagar las pasiones desenfrenadas y las ideas más opuestas al orden establecido en las sociedades cultas por el espíritu cristiano».[13]

Para mí el crítico de *El Socialista* descubre la razón del simbolismo ideológico galdosiano aunque se equivoque al pensar que empieza con *La de San Quintín;* seguramente por no conocer *La loca de la casa,* o por juzgar su planteamiento de la lucha de clases demasiado tímido. Este crítico —¿el propio Pablo Iglesias (1850-1925), fundador y director del periódico?— al preguntar si se trata de un cambio verdadero en la orientación socio-literaria del antiguo diputado sagastino, o si se presencia «sólo un efímero escarceo en el campo de la sociología, sin trascendencia alguna en la labor intelectual de tan fecundo literato», también formula nuestra pregunta respecto al simbolismo galdosiano. Y lo hace más claramente todavía cuando sigue la interrogación ya empezada:

¿será aventurado creer que una atenta observación del proceso de la sociedad presente, con sus iniquidades y corrupciones en la clase directora, con sus opresiones y sufrimientos en la clase dirigida, haya impulsado al señor Galdós, como a tantas otras universales y honradas eminencias, hacia el campo de los nuevos ideales, disponiéndolo a abrazar más o menos pronto la bandera roja de los desheredados?

Cuando la clase media, que Galdós creyó activa en 1870, y todavía en 1879, no llega a formar una clase dirigente preocupada por los problemas y reformas que reclamaba el país, y sólo se produce el mandato de la burguesía adinerada y conservadora, don Benito se hastía de este grupo social que retrata tan descarnada e impíamente en *La incógnita* y *Realidad,* y que llegó a conocer como su cómplice durante sus años de diputado a Cortes por un distrito de Puerto Rico que jamás pisó.[14]

La respuesta estética galdosiana a esta toma de conciencia socio-política es doble. Por medio de la estética humana Galdós crea seres cuyos conflictos personales y resoluciones de los mismos son de valor ejemplar en una sociedad falta de modelos éticos válidos para el individuo preocupado por un vivir auténtico, en medio de la farsa generalizada de su medio ambiente. Estas resoluciones y modelos tienen valor social, aunque indirectamente. Suponen una sociedad que se rehace como consecuencia del vivir mejorado de un número apreciable de ciudadanos, pero que no necesitan un gran apoyo social para ser imitados. La segunda parte de la respuesta se encuentra en el simbolismo ideológico. Galdós se mantiene en contacto con la sociedad, pero como crítico de su pasado y presente, que ofrece una visión de lo que debe ser su futuro. Los protagonistas de la estética humana no representan grandes bloques o clases sociales, no son símbolos de ningún grupo o estamento social; los protagonistas del primer simbolismo galdosiano, en cambio, son representantes, son símbolos, y sus conflictos son los de la sociedad española. Cuando, por ejemplo, en *Electra* Máximo y la heroína del título se entregan mutuamente, es la juventud y la vitalidad que se rebela y que triunfa sobre el oscurantismo y el falso misticismo de Pantoja, representante de la España burguesa y conservadora. Berenguer y Susana de *La fiera* son Romeo y Julieta en la España de 1822; miembros de familias liberales y absolutistas respectivamente, su amor, imposibilitado al principio por las dos Españas que sus familias simbolizan, se realiza al establecer una paz entre sí, olvidando su doloroso, su conflictivo pasado familiar y huyendo de una España destinada a guerras intestinas. En *Casandra* doña Juana Samaniego, nueva encarnación de doña Perfecta, controla grandes sumas de dinero. Beata, intolerante, niega su dinero a los sobrinos que se interesan por mejoras e invenciones capaces de transformar el país, destinándolo a obras pías eclesiásticas. Cuando intenta alejar a Casandra, amante y madre de los hijos de uno de sus sobrinos, ésta, en un arrebato, mata a la vieja —símbolo de la misma España que el Pantoja de *Electra*. Otra vez, una España joven y vital se libra —como puede— de las manos muertas que pesan sobre ella, estrangulándola.

En Galdós la violencia de la resolución de *Casandra* tiene su paralelo más cercano en *Doña Perfecta,* obra de elementos socio-miméticos y simbólicos.[15] Desde la perspectiva de la creación galdosiana entre 1892 y 1913, se acentúan los elementos simbólicos de la historia de Pepe Rey; ésta representa la verdadera situación histórica de la España de la Restauración, que dramatiza por medio de la muerte o, mejor dicho, el asesinato del Rey por la reacción. Cuando doña Juana Samaniego muere, es obvio que la España que se dejó matar en 1876 está dispuesta a cambiar de táctica: atacar primero en lugar de dejarse atacar. Es posible que Galdós se citara a sí mismo implícitamente, sabiendo que el público iba a recordar a *Doña Perfecta.*[16] A la creciente crítica del orden establecido en *La de San Quintín* y *Electra,* Galdós añade la posibilidad, y aun la sugerencia de la necesidad, de renovar las sangrientas confrontaciones «entre la tradición y la libertad» de que habla en el epílogo de 1885. La preferencia de Galdós, huelga decirlo, es una resolución pacífica del viejo conflicto. *Celia en los infiernos,* última obra del primer simbolismo, es típica de esta actitud. Celia, marquesa de Monte-Montetoro, se halla desengañada de la farsa social. A pesar de su propia infelicidad personal al no ser correspondida en su amor por Germán, figura del proletariado realizada parcialmente por Galdós, Celia se dedica a asegurar el bienestar de los numerosos obreros que trabajan en su fábrica:

les dará «participación en los beneficios de esta industria a todos» y «establecer[á] pensiones para los que, por su avanzada edad, se retiren del trabajo» (IV, 7; 1255). Frente a este acto declara otro personaje: «Sois la gloriosa iniciadora de una feliz concordia entre las clases altas y las clases humildes» (1255). El ejemplo de Celia es, pues, un símbolo y una esperanza de lo que a don Benito le parece necesario y bueno; el caso de *Casandra* representa la temible alternativa. Los muchos años entre «Observaciones» y *Casandra* han sido de dura lección para Galdós, pero en *Celia* revela que no deja de desear una resolución no violenta para los problemas del país. Sin embargo en 1913, cuando se produce el estreno de *Celia,* el mundo está al borde de un período de confrontaciones nacionales masivas en las cuales las cuestiones socio-económicas entre las clases sociales serán repetidamente las causas fundamentales de la guerra ideológica en México, España, Rusia y el resto de Europa.[17]

4.

El segundo simbolismo galdosiano tiene, como hemos visto, su más acabada explicación teórica en el prólogo de *Alma y vida* (1902), y se distingue del primero por rechazar en un principio «la expresión parabólica de las ideas».[18] Este es demasiado «claro»; se presta a una interpretación o «solución descifrable mecánicamente como la de las charadas» al presentar «sus figuras y accidentes ajustados a clave... privando a los que lo escuchan o contemplan del íntimo goce de la interpretación personal».[19] Galdós explica que nunca pensó «ganar en este drama [*Alma y vida*] el aplauso popular» y que trató inclusive de «esquivarlo, indispensable previsión después de *Electra*». Don Benito reconoce, pues, dos estéticas simbólicas que tienen propósitos diferentes. El primer simbolismo, el de *La de San Quintín, Electra,* etc., es popular a causa de su claridad; y se constituye, en caso de éxito, en un toque de atención a las grandes masas en torno a los pro-

blemas sociales de actualidad en la vida nacional. El segundo simbolismo tiene algo de elitismo y de afirmación del valor *ars gratia artis.* Galdós con *Alma y vida* buscaba «el su-
fragio de las clases [que son] superiores» por la inteligencia
y el gusto estético, un «público selecto... compuesto de personas extrañas a la profesión literaria, pero de notoria cultura, sin prejuicios, con el cerebro limpio de las estratificacio-
nes de escuela que a tantos incapacita para el libre gozo de
las dulzuras del arte». Pero no se olvidaba de que este simbolismo, tanto como el primero, nació de la situación histórica
europea y española «de la confusión de los pueblos» y «del
pensamiento melancólico de nuestro ocaso nacional».[20]

En ciertos aspectos *Alma y vida,* a pesar de la intención
galdosiana y de que la acción tiene lugar en junio de 1780,
se suma al primer simbolismo. Juan Pablo Cienfuegos se podría considerar representante del proletariado campesino, el
administrador Monegro, de la burguesía directora, la enfer-
miza duquesa Laura, que se prenda de Juan Pablo, la encarnación de la aristocracia moribunda que sólo puede sobrevivir la manipulación burguesa apoyándose en el atrope-
llado, pero todavía vigoroso pueblo. En consecuencia, una
nueva versión de *La de San Quintín.* Sin embargo, este nivel
de *Alma y vida* está subordinado a un sistema de acciones
de mayor alcance de la obra total: la atracción, o mejor dicho, la fascinación espontánea que Juan Pablo y Laura sien-
ten el uno por el otro. Esta relación incorpora el conflicto
social de tal manera que éste se ve como una cuestión secun-
daria, sin resolución posible, dentro de la obra cuya problemática global es más básica y tampoco resuelta. En *La de
San Quintín* o en *La fiera* la cuestión social, aunque poco susceptible de resolución, es el elemento temático que las estructura, sin que haya otros factores argumentales en el contexto
desde los cuales la cuestión social tenga que ser considerada.
Cuando Galdós se refiere, pues, a la «vaguedad de ensueño»
del simbolismo de *Alma y vida,* está pensando en las impre-
cisiones sociales, humanas y artísticas a que da lugar la relación entre Juan Pablo y Laura como personas humanas al

margen de su clase social. Por su espontaneidad y fuerza la atracción entre ellos hace inoperativo cualquier sistema normal de posibilidad y probabilidad, o sea, de verosimilitud. *Alma y vida* es intencionalmente inverosímil. Se debe entender como un mundo autónomo cuyo significado tiene mucho más que ver con planteamientos y resoluciones humanos ideales que con interpretación y crítica social. Por esto los amantes se enamoran durante la representación de una comedia bucólica —dentro de *Alma y vida*— que les aleja de los problemas reales y urgentes causados por el trato que Monegro da al pueblo.

Para comprender mejor el segundo simbolismo representado por este drama, analicémoslo más detalladamente. Según su tío Guillén Laura es un «alma grande en cuerpo mezquino, toda nobleza, dulzura y generosidad» (I, 5; 922). Para Juan Pablo, dentro de la libertad de la comedia dentro de la comedia, en vísperas de la noche de San Juan, la duquesa, ahora Alcimna, es «la ideal belleza» que refleja «la luz divina y pura» de Dios (II, 9; 941). A los ojos de Laura Juan Pablo es la «fuerza, la pasión, la vida» (I, 9; 926). El «alma» del título está representada, pues, por Laura que infunde «rayos de divina ciencia» en la mente de Juan Pablo al saberse querido por ella (III, 14; 958). La «vida» se refiere a Juan Pablo y su deseo de ser el «cuerpo y vaso de aquel espíritu», o sea, de Laura (III, 14; 958). Sin embargo, esta conjunción de «alma» y «vida» no se puede realizar. Cuando Laura cree sentirse fortalecida por la riqueza vital que el amor de Juan Pablo le da, pide a las brujas Zafrana y Perogila que le echen las cartas. La profecía es, «una dicha muy grande», «que el Rey será con vos en un reino todo alegría y pureza, como los aposentos del cielo do cantan los serafines» (III, 9; 954). Pero no le contestan cuando quiere saber si morirá ella, el Rey, o los dos juntos. Hacia el final de la obra, cuando Laura sabe que está muriendo, cree que Juan Pablo es aquel «Rey» y ella su «Reina», pero quiere saber, «¿Dónde está ese reino?» Al imaginar que la revolución de los campesinos contra el administrador Monegro ha tenido éxito, Laura supone que su reino, su vida nueva es «la paz duradera, la probidad, la justicia» en sus estados de Ruydíaz. A esta exaltación le sigue su muerte, la desolación de Juan Pablo y la perspectiva real de un nuevo «reino» de tiranía contra los campesinos que empezará otra vez, bajo el mando de los herederos colaterales, pero forzosos, de Laura.

En vista del desarrollo y desenlace de *Alma y vida,* parece que el segundo simbolismo galdosiano cultiva el «ensueño» por encontrar deprimente la realidad y la tarea de analizarla en forma socio-mimética o en la del primer simbolismo. Como la estética humana, el segundo simbolismo le libra a don Benito de la obligación de considerar largamente la situación nacional para, en su lugar, inventar o imaginar otro mundo mejor. Al mismo tiempo, la muerte de Laura y la vuelta a la opresión señalan que sabe muy bien en qué mundo se halla. El segundo simbolismo es, pues, protesta en contra del estado abismal de la realidad española con respecto a lo que debe ser su ideal, y huida al reino del ideal, al reino de Laura y Juan Pablo según lo imagina la pobre duquesa.

5.

Quizá la característica fundamental de los personajes galdosianos claves del segundo simbolismo sea vivir, como Laura y Juan Pablo, sólo a medias en el mundo. Otras figuras típicas de esta estética son las siguientes: Confusio Santiuste, autor de una imaginativa *Historia lógico-natural de España,* en la cuarta serie de *Episodios nacionales* (1902-1907); Tito Liviano, protagonista y narrador de los últimos tomos de la quinta serie (1907-1912), que es discípulo de Mariclío, especie de musa/protectora de España; Carlos «de Tarsis y Suárez de Almondar, marqués de Mudarra, conde de Zorita de los Canes», protagonista de *El caballero encantado* (1909) y educando de la Madre, personificación de la historia de España; y, Alejandro y Atenaida, ciudadanos de Farsalia-Nova, residentes en su capital Ursaria, peregrinan al Campo de la

Vera, intentando conformarse con la voluntad del Padre Universal (*La razón de la sinrazón*-1915).

La génesis del segundo simbolismo se comprende mejor en las historias de algunos de estos personajes que en la de Laura y Juan Pablo. Son narraciones de un fondo socio-mimético mucho más pronunciado que la comedia cuyo tiempo de acción es 1780. Y, por consiguiente, se comprende más claramente la relación entre el mundo del «ensueño» y el real en esta estética.

En la cuarta serie de *Episodios* Pepe Fajardo, marqués de Beramendi por su matrimonio, es hombre de simpatías liberales que anhela periódicamente enlazarse con el pueblo, representado por la familia Ansúrez y por Lucila en particular; pero se encuentra engranado en la máquina de la burguesía a causa de sus obligaciones familiares y su falta de voluntad. Dado que él no puede asistir a los grandes acontecimientos de su tiempo, manda a una especie de vicario en su lugar para que le envíe reportajes de lo que observe. Este sustituto/representante es Confusio Santiuste. Como Beramendi, Confusio tiende a la vagancia y a vivir haciéndose ilusiones. A diferencia de su amo, Confusio no tiene familia, no tiene que guardar los respetos sociales tanto como otros, y se encuentra en una serie de situaciones poco normales. Después de presenciar la brutalidad sangrienta e innecesaria de la Guerra de Africa (1854), Confusio empieza a decaer física y psicológicamente hasta terminar en el manicomio de Leganés. El producto de este bajón es su mencionada *Historia* en la cual narra la misma etapa de historia española que Galdós. Sin embargo, Confusio no se preocupa de «las calamidades del Reino» como don Benito en los *Episodios*; «en vez de la maldita guerra facciosa», por ejemplo, «pone cosas que harían felices a la Nación si fuesen verdaderas» (*Prim*, xxvii; 100). ¡Ensueño puro!

Comentando el novel procedimiento, dice un personaje: «Pero yo digo que aun siendo mentiroso lo que escribe, ha de gustar mucho cuando se imprima y pueda leerlo todo el mundo»; «pues harto hemos llorado sobre las verdades tris-

tes» (100). Galdós escribe esto en 1906, y, como observan
Joaquín Casalduero y Brian J. Dendle, esta cuarta serie de
Episodios se crea pensando en iluminar al país sobre el presente por medio de una deformación histórica típica de lo que
llamamos el primer simbolismo.[21] Pero lo hace cuando se está
cansando mucho de ejercerse en el proyecto socio-mimético
de sus años mozos, y del uso de técnicas socio-miméticas en
el primer simbolismo. Parece que la comparación implícita
entre su propósito didáctico en los *Episodios* escritos a partir de 1898, y el razonamiento dado para justificar el proyecto de Confusio en su *Historia* constituyen una auto-crítica
que Galdós hace de su obra entera. El resultado práctico de
esta toma de conciencia es, en términos generales, el segundo simbolismo, aunque vacila Galdós bastante en adoptarlo
como única posibilidad de expresión socio-literaria. En cierto sentido don Benito se podría llamar «Confusio» durante los
años de su cultivo de las estéticas simbólicas y humana.

Dentro del proyecto de los *Episodios*, el próximo gran
paso del segundo simbolismo se encuentra en el tercer episodio de la quinta serie. Con *Amadeo I* (1910) entra Tito Liviano como protagonista y narrador de la España que despide
a un rey liberal para abrazar la comedia política del «*maese*
Cánovas» del Castillo, arquitecto del turno pacífico de la
Restauración.[22] Tito es todo un símbolo viviente: es, en su
propia opinión, «el hombre raquítico, enclenque, de ruin naturaleza, residuo miserable de una raza extenuada, politicas-
tro que pretendía reformar el mundo con discursos huecos,
con disputas doctrinales, fililíes retóricas y dogmáticos requi-
lorios» (*La primera República*, xxviii; 679). En este momento de clarividencia y sinceridad, que le impone su trato con
la divina Maestra Mariclío, ve que su papel en el mundo no
es «determinar los acontecimientos, sino observarlos y con
vulgar manera describirlos para que de ellos [puedan] sacar
alguna enseñanza los venideros hombres» (xxix; 679).

Mariclío, con sus poderes sobrenaturales, transporta a
Tito a todas partes donde su presencia sea necesaria para poder narrar la verdad de los aconteciminetos: lo hace volar

de uno a otro confín de España, lo introduce por igual en un aquelarre o en las casas de los que mueven el país, lo tiene bien surtido de dinero. Tito es un títere, pues, que manipula el ser híbrido Mariclío/Galdós a su voluntad para dar el enfoque deseado a la historia que narra. Pero después de ser dirigido por Mariclío/Galdós en su «observación» de la historia española hasta el 5 de diciembre de 1880 (final de *Cánovas,* escrita en 1912), Tito recibe una carta de Mariclío, que se ha ausentado de su vida durante períodos cada vez más largos y frecuentes. Toda esta carta, que constituye las palabras finales del último tomo de los cuarenta y seis de los *Episodios,* se puede leer como un testimonio galdosiano de alto desengaño, como otro epitafio o más de todo el proyecto socio-mimético cuarenta y dos años después de iniciarlo en «Observaciones».

Según la carta España vive «*los tiempos bobos*» de la farsa de la Restauración; los políticos, «dividiéndose, hipócritas, en dos bandos igualmente dinásticos e igualmente estériles, sin otro móvil que tejer y destejer la jerga de sus provechos particulares en el telar burocrático», no «crearán una Nación» (xxviii; 875-876). Se incita a Tito y a los jóvenes a la revolución armada y romántica para cambiar el país. Hasta que logren esta meta, Galdós/Mariclío manda: «no os ocupéis de Mariclío... Yo, que ya me siento demasiado clásica, me aburro..., me duermo...» (876). Y por estas razones Galdós deja inacabada la quinta serie de *Episodios nacionales*;[23] y en los ocho años escasos que le restan de vida, ciego y más desengañado que nunca después de nuevas experiencias políticas como diputado republicano, produce varias comedias y una novela dialogada, obras que interesan más por ser de Galdós que por su valor intrínseco.[24]

En 1879 Salvador Monsalud llegó a conclusiones sobre la vida nacional semejantes a las de Galdós en 1912, y abandonó el escenario del teatro social, histórico y político que es España a lo largo del siglo XIX y, por lo visto, todavía en los primeros años del XX. Desde la perspectiva nuestra sería artificioso, a estas alturas, distinguir en-

tre Galdós y su criatura Monsalud.[25] A pesar de las muchas
dudas representadas por su cultivo de las estéticas simbólicas
y humana a partir de 1889, don Benito no se durmió en la
«luneta» de Monsalud ni de Mariclío tampoco. Pero, ¿por
qué, pues, siguió don Benito treinta y tres años más tomando en serio una realidad nacional tan poco digna de observar,
recrear e interpretar por medio de la creación socio-literaria?
Exploremos esta cuestión.

6.

El caballero encantado es una novela en que alternan las partes narradas y dialogadas; Galdós la llama un «cuento real...
inverosímil». En mi opinión incluye y sintetiza los elementos más típicos e interesantes de las dos estéticas simbólicas.
Al mismo tiempo se puede considerar como la mejor creación
galdosiana del siglo XX.[26] y meditar sobre esta novela es, quizá, entender por qué don Benito continuó tantos años en la
brecha socio-literaria.

El protagonista, don Carlos de Tarsis, etc., forma parte
de la serie de aristócratas galdosianos de los dos simbolismos (la duquesa de San Quintín, Beramendi, la duquesa Laura, Celia, Santa Juana) cuyo destino es comprender el derecho del pueblo en la lucha de clases y ponerse de su parte.
Habiendo perdido la fe en la clase media y viviendo bajo
el mando de la burguesía, Galdós tiende en ciertos momentos a proponer, como hemos visto, una nueva alianza social
entre el pueblo y la aristocracia, dejando fuera a la clase
media hecha burguesa. En *El caballero encantado* Tarsis es
un aristócrata rico y despreocupado de Madrid; sólo sabe
divertirse y guardar las apariencias. Sin saber cómo, se encuentra convertido en labrador por medio de un encantamiento. Aprende de primera mano cómo lo pasan los campesinos que sudan y apenas sobreviven para que él pueda
gozar de las rentas que aquéllos pagan al administrador de
Tarsis. Viviendo su nuevo estado en tierras sorianas, proba-

ble localización de la Orbajosa (¿el Burgo de Osma?) de *Doña Perfecta,* pasa de labrador a pastor y a obrero de cantería, trabajando finalmente en las excavaciones de Numancia. Aquí se ve frecuentemente acompañado por la «Madre», otra figura simbólica como la Mariclío de la quinta serie de *Episodios;* ella se preocupa por formar la conciencia social de Tarsis, y se revela como la responsable de su encantamiento.

La vida del protagonista se complica al conocer a Cintia, maestra de escuela, y enamorarse de ella. Después de matar a un cacique de Soria que pretendía abusar de Cintia, Tarsis es apresado por la Guardia Civil. Huyendo de la cuerda de presos en que lo llevan a él y a la Madre disfrazada de vieja y pobre, los matan a los dos. Inexplicablemente Tarsis recobra la vida y la Madre lo conduce a una estancia bajo las aguas del Tajo. Aquí se reúne temporalmente con Cintia, con el fin de pasar una temporada de meditación purificadora y de penitencia. Se ve acompañado por otros que, como él, abusaron del país en lugar de mejorarlo. Cuando se libra de este limbo/purgatorio, vuelve milagrosamente a la vida normal donde se reúne con Cintia y *Héspero,* el hijo que engendraron durante el encantamiento. El pequeño es símbolo de una vida nueva dedicada a la regeneración nacional.

En *El caballero encantado* se da, como en *Alma y vida,* un nivel de significado que se presta a un análisis propio del primer simbolismo.[27] Pero la médula de la novela existe en su visión de una armonía social que es producto de un proceso tan poco susceptible de repetición como la fascinación entre Laura y Juan Pablo, y que tampoco tiene ninguna base análoga en la vida social de la época. Acaso, más que en cualquiera otra obra de don Benito, se vea lograda, hasta cierto punto, una esperanza formulada hacia el final del discurso de ingreso de 1897. Ponderando el problema de la creación literaria en «días azarosos de transición y de evolución» (*Ens.,* 181), Galdós sabe que sus obras de estética humana y del primer simbolismo se fundamentan en muchas técnicas de la estética socio-mimética.[28] Lo que está cambiando es la perspectiva galdosiana sobre el mundo; esta evolución en su pensamiento se refleja en los nuevos principios de organización, o estéticas, que dan forma y sentido al uso de dichas técnicas. El discurso de 1897 transparenta, pues, la inquietud de Galdós con respecto a su habilidad de encontrar la estética adecuada a la expresión artística más apropiada a los nuevos tiempos que viven la sociedad y él. No se ha revelado todavía «hasta dónde llegará la presente descomposición» y la transformación de «los antiguos organismos sociales». Por consiguiente, don Benito tiene que contentarse con sugerir una posibilidad en que creo ver reflejadas sus más íntimas necesidades de creador falto de confianza en sí mismo:

> Quizá aparezcan formas nuevas, quizá obras de extraordinario poder y belleza, que sirvan de anuncio a los ideales futuros o de despedida a los pasados, como el *Quijote* es el adiós del mundo caballeresco. Sea lo que quiera, el ingenio humano vive en todos los ambientes, y lo mismo da sus flores en los pórticos alegres de flamante arquitectura, que en las tristes y desoladas ruinas (*Ens.*, 182).

Yo diría, pues, que las obras del segundo simbolismo galdosiano representan el intento de crear las «formas nuevas» artísticas mencionadas, que son los «anuncio[s] a los ideales futuros» de una sociedad mejor constituida. *El caballero encantado* me parece ser la «flor» más perfecta producida por el ingenio de don Benito en esta fase de su labor.

El caballero es una obra en la cual Galdós intenta una síntesis: de las técnicas simbólicas cuyo efecto es establecer una estructura no normal de posibilidad y probabilidad de acción novelesca; y de elementos preciosos de la gran novela de costumbres campesinas que Galdós nunca llegó a escribir, a no ser como elemento de *El caballero*. Las aventuras del protagonista Tarsis reflejan la corrupción de la sociedad urbana y rural española, demostrando la relación de complicidad que existe entre los elementos dominantes de la capital y las provincias. A este nivel *El caballero* recuerda la interpretación galdosiana de la capital, que es la serie de novelas

entre *León Roch* y *Realidad,* y potencia en mucho el análisis
del campo en *Doña Perfecta;* no hace falta demorarse mucho
en recrear el Madrid tan bien conocido del lector habitual,
pero urge caracterizar detalladamente más aspectos de la vida
en provincias de lo que era posible en la historia tan polémi-
ca de Pepe Rey y su tía Perfecta. Pero este «repaso» socio-
mimético de los dos polos de la vida nacional se contempla
desde la perspectiva imaginativa del simbolismo del ensueño.
En las partes socio-miméticas de *El caballero,* Galdós analiza,
de nuevo, la sociedad constituida; pero no busca el remedio
de los males españoles dentro del contexto de las posibilidades y probabilidades vigentes en esa sociedad. Tampoco se
limita a presentar otro personaje ejemplar en demanda de una
vida auténtica como en las obras de la estética humana. Nos
da seres y usos típicos —por desgracia— de la sociedad, y
en Tarsis nos ofrece un ser imposible pero deseable. Lo radicalmente nuevo de *El caballero* es, pues, sugerir que la renovación de España será el producto de un proceso vital sólo con-
cebible en la imaginación o ensueño; si no es por «encantamiento» los españoles no podrán corregir los defectos fundamentales nacionales que malean de raíz cualquier proyecto,
por ejemplo el liberal de la Constitución de Cádiz de 1812
hasta la Revolución de 1868, para reconstituir al país. Al
mismo tiempo Galdós nos deja entender en qué consiste el
proceso vital experimentado por Tarsis como consecuencia
de su «encantamiento»: hay que vivir las opresiones e injus-
ticias de la gran mayoría de los españoles, todavía una pobla-
ción predominantemente rural en 1909; y ser persona de una
posición económica lo suficientemente importante como para
poder influir positivamente en los cambios socio-políticos
que reclama el país. Las esperanzas que provoca el nacimiento de *Héspero* —nombre que los poetas romanos dieron a
Iberia— son poco convincentes, como las de Monsalud cuando se retira del escenario público, preguntándose si sus nietos iban a vivir otra España mejor.

CONCLUSION

Quizá la mejor manera de contestar a la pregunta, ¿por qué leer a Galdós?, sea considerar las objeciones que se le hacen hoy. Las más importantes se basan en las ideas estéticas que José Ortega y Gasset (1883-1955) anuncia en *La deshumanización del arte* (1925) e *Ideas sobre la novela* (1925). Y todas ellas, especialmente en el contexto de los debates literarios contemporáneos, se reducen a una especie de fórmula: «Alegrarse o sufrir con los destinos humanos que, tal vez, la obra de arte nos refiere o presenta, es cosa muy diferente del verdadero goce artístico. Más aún, esa ocupación con lo humano de la obra es, en principio, incompatible con la estricta fruición estética».[1] En vista de nuestro estudio del mundo de Galdós, parece obvio que en la teoría y en la práctica, éste se fundamenta en unos cimientos «incompatible[s] con la estricta fruición estética». En Galdós la «ocupación con lo humano», la experiencia de «alegrarse o sufrir con los destinos humanos» son los puntos de partida de la obra y su preocupación constante, aun cuando se pone en duda el destino de los españoles.

Juan Benet, nacido en 1928, es un escritor que se mueve en el medio estrictamente estético descrito por Ortega. Al escribir sobre don Benito, pues, Benet reconoce que su «aprecio por Galdós es muy escaso, solamente comparable... al desconocimiento que tengo de su obra»; y que se ha acercado a la obra «en los últimos años» por la obligación que le impone «la fama del autor, tan sólo para cerciorarme de su total carencia de interés para mí».[2] Pero Benet no se limita a expresar su reacción personal a Galdós. De hecho presenta una denuncia de ese sector de la crítica «responsable no sólo de haber elevado a Galdós a un altar ridículo, sino también de ese desmedido afán por encontrar al gran hombre de letras que nos redime de la insoslayable decadencia». A continuación Benet explica que el único valor de Galdós es sociológico, y por consiguiente, no estético. Benet termina condenando el ambiente literario español que en la década de 1970 únicamente «exige al escritor... que su obra sea 'la revelación de los conflictos de su clase', 'la expresión del hombre de su tiempo' o cualquier otra lindeza del mismo corte».

Por su parte Gonzalo Torrente Ballester, nacido en 1910, no es ajeno a las premisas del razonamiento de Benet, pero sí más comprensivo. Para el escritor gallego la «insuficiencia» de Galdós es una afirmación que tiene sentido sólo dentro del contexto de la «modificación *estética* sufrida por el español desde el 98».[3] Como en el caso de Benet, Torrente cree que la obra galdosiana depende demasiado de la realidad social que retrata. En lugar de darnos una «impresión de realidad», «la suma de elementos coherentes que constituyen una obra», Galdós nos ofrece una creación literaria con un «sentido moral... que... quizá nos satisfaga humanamente, pero [que] es una satisfacción estrecha y, a la postre, poco satisfactoria». «Moralizar» para Torrente significa la limitación del juego puramente estético de la imaginación, su determinación «hacia un fin previsto». Galdós, entonces, se salva para Torrente sólo parcialmente: cuando su potente imaginación le obliga a evitar «las recetas», conduciéndolo a un «constante ensayar [de] formas nuevas», a desarrollar una gran «variedad de... técnicas y procedimientos»; pero éstos «no son, por supuesto, los nuestros» por moverse «dentro de las barreras impuestas por su estética realista».[4]

Hay un importante sector de la crítica galdosiana que pone énfasis en los valores estéticos en Galdós a los que Torrente alude favorablemente. Germán Gullón ha sido, posiblemente, el que se ha explicado de manera más sistemática al respecto. Su ensayo «La imaginación galdosiana: su funcionamiento y posible clasificación», primer acercamiento al tema de un libro de próxima aparición, *La novela como acto imaginativo,* es, de hecho, si no de intención, la perfecta respuesta a Torrente. Para G. Gullón «imaginación» tiene varios significados, pero el que más le interesa es su denominación de la facultad del artista, Galdós, más directamente responsable de seleccionar y dar forma a los materiales novelados. Libros como *La Fontana de Oro* y *Doña Perfecta* son productos de la imaginación profunda o simbolizante. «[M]ás allá del realismo de presentación, la imaginación simbolizante engrandece a los personajes hasta convertirlos en encarnaciones» de determinadas características humanas y nacionales a las que objeta Galdós;[5] doña Perfecta y don Inocencio, por ejemplo, encarnan «el orgullo y... la hipocresía», y Pepe Rey es «un símbolo de la España dominada por el fanatismo». Cuando «el mensaje deja de ser lo más importante, y la dicción parece tan importante como lo dicho la relación texto-descifrado deja de ser vertical y las conexiones significativas se hacen más ambiguas», se presencia una creación de la imaginación formal; *La desheredada, Tormento* y *Fortunata y Jacinta* son típicas. En estas obras la referencia a la sociedad y sus problemas se atenúa conforme Galdós presta más importancia a «la ordenación formal del discurso narrativo tanto como su significación»; «la expresión [es] parte y constituyente de lo expresado, y el observador parte de lo observado, lo que equival[e] a decir que la imaginación determin[a] la realidad y también la manera de referirse a ella». *Tristana* y *Misericordia* representan «una tercera etapa en la evolución de la imaginación»; en «vez de dar a la novela significación como en las» creadas por la imaginación simbólica, la imaginación estructural «multiplica [las] resonancias semánticas» del texto, «dejando que el lector encuentre en la ambigua textura las claves [del] sentido» de la novela. De esta manera Galdós deja de «moralizar» como observa Torrente, y libra a los personajes de su obligado paso «hacia un fin previsto» por el autor.

Pero, cabe preguntar: ¿se escapa Galdós —en palabras de Torrente— de «las barreras impuestas por su estética realista» y de su uso de «técnicas y procedimientos» que «no son, por supuesto», los vigentes después de la «modificación *estética* sufrida por el español desde el 98»? A propósito de *Tristana,* obra perteneciente a la tercera y más libre fase de la creación imaginativa galdosiana, Francisco Umbral (n. 1935), otro escritor poco simpatizante para con Galdós dice:

> Galdós escribe mal, en la novela como en el periódico, y Cortázar, en *Rayuela,* incluye una sátira de nuestro novelista, en base a heroínas que lloran «a moco tendido». Esta sátira de Galdós estaba haciendo mucha falta. Cuando la galvanización de *Tristana* por el cine, traté de releer la novela y comienza diciendo que Tristana «tenía una boquirrita...». A mí, de una joven que tiene boquirrita no me interesa nada de lo que pueda pasar, o sea, que tiré la novela.[6]

En otras palabras, y a pesar de los esfuerzos de críticos como Germán Gullón de plantear la cuestión de Galdós a un nivel estético «moderno», Galdós es «insuficiente» para Ortega, Benet, Torrente, Umbral, Cortázar, etc., etc.[7] ¿Vale la pena leer a Galdós hoy?

*   *   *

El mundo de Galdós parte de la necesidad de intentar comprender a Galdós desde una perspectiva lo más fiel a la suya posible para poder evaluar lo que a nosotros nos brinda. En vista de nuestra reconstrucción de la actividad galdosiana, concluimos que todo intento de «modernizar» a don Benito está destinado a convencer sólo a los que ya aceptan su obra. Y si vivimos bajo otro signo estético que el de las «barreras realistas», o en otras palabras, socio-miméticas, ¿por qué empeñarnos tanto en un proyecto que tiene tan poco futuro como el de procurar cambiar las ideas de Ortega, Benet, Torrente, Umbral, Cortázar, etc.?

Utilizando lo que llamo la «llave maestra», es decir, la crítica literaria escrita por Galdós entre 1870 y 1905, espero haber identificado los principios generadores —las cuatro estéticas— de la obra galdosiana en sus fases sucesivas. Las diferencias entre las estéticas son de énfasis. Por consiguiente se puede hacer un análisis simbólico de *Doña Perfecta* muy semejante al que hace la crítica periodística de *La de San Quintín* en su día; o un análisis socio-mimético de los personajes y la situación social que sirve de fondo a *La de San Quintín*; o de las técnicas de la estética socio-mimética que se prestan a contribuir a la creación de una obra de la estética humana como *Misericordia*. Sin embargo, dentro de la trayectoria creadora de Galdós, *Doña Perfecta* —según nuestro enfoque— es más significativa por lo que tiene de plasmación literaria de la realidad social y contemporánea que tanto interesaba a don Benito de 1870 a 1889; *La de San Quintín* por su reducción de la complejidad social, presentada tan maravillosamente en *Fortunata y Jacinta,* y la sustitución de esa recreación por una esquematización radical de los tipos y usos sociales cuyo fin es criticar el orden existente; *Misericordia* por la búsqueda de personajes auténticos, distanciados de la rutina de la farsa y corrupción social.

En nuestro estudio los escritos críticos de don Benito, y algunas obras creativas generalmente poco consideradas —*Un joven de provecho, La familia de León Roch, Un faccioso más y unos frailes menos, La incógnita, La de San Quintín, Alma y vida, El caballero encantado y Cánovas*— son de gran valor. Perfilan de manera única la pugna y conflicto del Galdós que intenta crear literatura de la vida e historia de su país. La importancia de Galdós, la razón por la cual no pasará al olvido mientras haya lectores que se interesen por el hombre y la sociedad es sencilla: Galdós ha retratado al hombre en su encarnación española con todos los vicios y virtudes que caracterizan al hombre de todos los tiempos. Ha revelado por los medios artísticos fundamentales de la literatura —estructuras de acciones y personajes, expresadas con un vocablo adecuado al propósito— lo que significa ser humano.[8] Y ha analizado, en el contexto español, los impedimentos más serios y perdurables de la obra humana más importante y complicada: el proyecto de vida en común que llamamos sociedad. Por desgracia suya y nuestra nos ha enseñado, tanto con los problemas planteados en sus obras como con su constante investigación estética lo difícil que es realizar ese gran proyecto. Desde nuestro punto de vista las cuatro estéticas galdosianas ofrecen cuatro versiones de cómo identificar y seleccionar los factores significativos en un intento de organizar e interpretar este mundo que busca mejorarse. Las técnicas propiamente literarias empleadas en este empeño son utilizadas, como hemos visto, por Galdós desde el período de su aprendizaje, 1861-1871.[9] Lo que da sentido al uso de estas técnicas, lo que hace efectivo su uso, es la estética —socio-mimética, humana, del primer simbolismo, del segundo simbolismo— que lo ordena todo.[10]

* * *

¿Por qué leer a Galdós? Para contemplar uno de los mayores éxitos en la literatura de occidente de la representación e interpretación, literaria y social a la vez, del vivir del hombre. El que esta creación diste de la «estricta fruición estética» no forma parte de la cuestión. Coincidimos con Torrente Ballester cuando dice que la contemplación del mundo de Galdós nos da una «satisfacción... poco satisfactoria»: efectivamente, la vida del hombre es «poco satisfactoria». Sin embargo, el mundo de Galdós no nos da una «satisfacción estrecha». Nos da cien años de vida española, sus «gozos y sombras», su «off-side», la «saga/fuga» de su pasado y futuro incierto. Y nos da seres libérrimos, doña Paulita Porreño, José Ido del Sagrario, Maxi Rubín, Ramón Villaamil, Torquemada, Nazarín, Benina, Confusio Santiuste. Torrente nos indica, por lo tanto, el camino real para apreciar debidamente a Galdós, aunque es un camino que él se siente incapaz de recorrer. Espero que *El mundo de Galdós* constituya una especie de señalización hacia este camino.

NOTAS

PARTE I (pp. 13-35)

¹ En lugar de citar larga y enfadosamente estas colecciones le remito al lector a la lista cronológica de la crítica de Galdós por el infatigable galdosista William H. Shoemaker en su gran libro *La crítica literaria de Galdós*, Madrid, Insula, 1979, pp. 13-69. Esta bibliografía incluye 251 entradas.

² Sólo el libro citado de Shoemaker, y la introducción, «Galdós, crítico literario», de Laureano Bonet, a su edición de Benito Pérez Galdós, *Ensayos de crítica literaria*, Barcelona, Ediciones Península, 1972, pp. 7-112, intentan presentar una visión de conjunto de la teoría literaria de Galdós. Debo muchísimo a estos dos críticos, aunque no comparto del todo sus ideas. A ellos, creo, debemos el ímpetu, que se nota recientemente, de conocer el pensamiento literario de Galdós a un nivel teórico.

³ Galdós es el primer culpable de esta reputación. Como veremos, a partir de 1885, por lo menos, empieza a negarse públicamente a sí mismo esta habilidad, y en el discurso de ingreso a la Real Academia en 1897, el documento crítico suyo de más difusión, vuelve a insistir en el tema. (Los libros de Shoemaker y Bonet, y, espero, esta parte del presente libro deben revelar cuán falsa es esta apreciación. Véase la nota 17).

⁴ El primer crítico que popularizó un conocimiento más o menos amplio de este despertar galdosiano es el gran José F. Montesinos en «Galdós en busca de la novela», *Insula*, núm. 202 (1963), pp. 1, 16. Como se verá, no estamos de acuerdo con varias interpretaciones de Montesinos con respecto a «Observaciones sobre la novela contemporánea en España», pero, como en muchas otras materias de la novelística este crítico es el faro por el cual tantos nos orientamos.

⁵ En este libro seguiré la práctica de citar las obras galdosianas en la edición de más fácil acceso, a menos que un caso determinado haga necesario el citar otra edición. Para facilitar la consulta de citas tomadas de las varias ediciones Aguilar de las obras completas de Galdós, citaré, en el texto del libro, no sólo la página en números árabes, sino también según convenga, en números romanos, mayúsculas y minúsculas, la parte, el capí-

tulo, la sección, etc., del texto en que se encuentra el material citado. «Don Ramón de la Cruz y su época» se abreviará de ahora en adelante en «Don Ramón»; se encuentra en Benito Pérez Galdós, *Obras completas*, VI, 5.ª ed., Introducción, biografía, bibliografía, notas, etc., por Federico Carlos Sainz de Robles, 1968, pp. 1.465-1.491. Las otras ediciones de las cuales se citará en el presente libro son: Galdós, *Obras completas*, IV, 3.ª ed., y V, 2.ª ed., Introducción, etc., por Sainz de Robles, Madrid, 1954 y 1950; y para los *Episodios nacionales*, Galdós, *Obras completas*, 4 tomos, 1.ª ed., Introducción, etc., por Sainz de Robles, Madrid, Aguilar, 1971.

[6] Como se verá, es necesario estudiar a «Don Ramón» en compañía de otro documento crítico del cual se hablará muchísimo - «Observaciones sobre la novela contemporánea en España», publicado en julio de 1870. Y aunque «Don Ramón» se publicó después de «Observaciones», en dos partes en noviembre de 1870 y enero de 1871, he tomado la libertad aquí de analizar a «Don Ramón» primero. Los dos ensayos comparten el mismo punto de vista estético, pero «Don Ramón» trata de temas cronológicamente anteriores a los de «Observaciones». Véase la nota 13.

[7] José Pérez Vidal publicó «Observaciones» en su colección de escritos periodísticos del Galdós joven titulada, *Madrid*, Madrid, Aguado, 1957, pp. 223-249. En este libro citaré de Bonet, pp. 115-132, cuando me refiera a este ensayo.

[8] Para una recopilación de estas opiniones críticas, véase *Colección de sainetes tanto impresos como inéditos de D. Ramón de la Cruz, con un discurso preliminar de Don Agustín Durán...*, I, Madrid, Imprenta de Yenes, 1843, pp. i-xxix. Esta es la edición de la Unión Literaria que manejaba Galdós.

[9] En mi opinión la crítica no ha visto el papel fundamental de Cruz en Galdós por no estudiar lo que Galdós valoraba y censuraba en el sainetero. Ha aceptado otros puntos de vista sobre Cruz sin enterarse bien del galdosiano. Véase, por ejemplo, René Andioc, «El teatro en el siglo XVIII», en *Historia de la literatura española*, III, ed. por J. M.ª Díez Borque, Madrid, Taurus, 1980, pp. 236-237, donde se da un resumen de la crítica de los sainetes como ¡inmorales!

[10] «Observaciones» debía haber orientado a la crítica dedicada a Galdós desde su fecha de publicación. Pero no volvió a ser editado entre 1870 y 1957 (véase la nota núm. 7). Antes de 1957 Berkowitz y acaso algún otro crítico lo menciona (H. Chonon Berkowitz, *Benito Pérez Galdós: spanish liberal crusader*, Madison, University of Wisconsin Press, 1948, pp. 131-133. Para Pérez Vidal (nota núm. 7) «Observaciones» no merece ningún estudio detallado, pero «no [es] sólo un manifiesto de su [de Galdós] credo realista, sino todo un prólogo a la historia de la novela contemporánea española». Robert Ricard reseña la colección editada por Vidal, ve la importancia de Aguilera en el Galdós de «Observaciones», pero no estudia el tema (en *Bulletin hispanique*,

49 [1957], p. 349; se refiere brevemente a «le symbolisme des
noms chez Galdós» como técnica aprendida en la lectura de los
Proverbios de Aguilera). Montesinos (nota núm. 4), en 1963, dedica a «Observaciones» un estudio importante, pero no enfoca
bien el alcance y sentido del ensayo, y quita toda importancia a
Aguilera (véase Stephen Miller, «Galdós, Aguilera y la novela
española», *Insula*, núm. 395 [1979], pp. 1, 14). Gustavo Correa,
en 1967, toma la iniciativa de estudiar «Observaciones» en relación con el discurso de ingreso de Galdós en la Real Academia
en 1897, pero creo que tergiversa la cuestión al decir que el término galdosiano «novela moderna de costumbres» equivale a
«una novela de caracteres» (yo traté de este tema en una ponencia titulada «The Change in Galdós as Social Critic Between 1870
and 1897», en el «Georgia Colloquium '81», patrocinado por la
Universidad de Georgia); siete años después Correa habla de la
importancia de los *Proverbios* de Aguilera, pero, como Ricard,
sin estudiar el tema (Correa, *Realidad, ficción y símbolo en las
novelas de Pérez Galdós*, Bogotá, Instituto Caro y Cuervo, 1967,
pp. 13-23, 288-294, esp. p. 14; y Correa, «La concepción moral en
las novelas de Pérez Galdós», *Letras de Deusto* 4, núm. 8 [1974],
pp. 6-7). Michael Nimitz, estudiante de Correa y autor de una tesis
editada después con el título *Humor in Galdós, a study of the
contemporary novels*, New Haven, Yale University Press, 1968,
parece ser el beneficiario del trabajo de Correa (véase en especial
pp. 3-5), pero su tema no se presta a una consideración muy
larga de la relación entre «Observaciones» y el discurso de 1897;
además aduce otro factor en la ecuación: el prólogo de Galdós
a la edición de 1901 de *La Regenta* de Alas. Sólo con una ponencia de Reginald F. Brown empieza a ser verdaderamente reconocido Aguilera («Una relación literaria y cordial: Benito Pérez Galdós y Ventura Ruiz Aguilera», *Actas del Quinto Congreso Internacional de Hispanistas*, I, ed. por Maxime Chevalier et al., Bordeaux, Instituto de Estudios Ibéricos e Iberoamericanos, 1977,
pp. 223-233); sin embargo Brown no establece la relación entre
Aguilera, como primer exponente contemporáneo —teórico y
práctico— de la estética socio-mimética en la que se basan las
obras maestras de don Benito, y «Observaciones», como programa de dichas obras.

11 Para comprender las ideas literarias de «Don Ramón» y
«Observaciones», creo que debemos empezar por olvidarnos, al
menos temporalmente, de Galdós como representante del realismo o del naturalismo. Don Benito se valía de estos conceptos de
vez en cuando, pero no existe ningún documento galdosiano equivalente a «Del naturalismo» (Alas, 1882), *La cuestión palpitante*
(Pardo Bazán, 1882-1883), o *Apuntes sobre el nuevo arte de escribir novelas* (Valera, 1887). Galdós no disputaba «terminachos» literarios nunca. Su método era meditar y escribir sobre las bases
sociales y estéticas de las cuales podía surgir una manera contemporánea de escribir. Shoemaker (*La crítica literaria de Galdós*, p. 12, n. 11) cita con aprobación y como suyo el plan de

Francisco Ayala («Sobre el realismo en literatura», en Ayala, *Los ensayos*, Madrid, Aguilar, 1971) para estudiar el realismo de Galdós: «El primer paso... consistirá en recoger, interpretar y conectar entre sí las indicaciones que esos prólogos [a *El sabor de la tierruca* de Pereda y a *La Regenta*] y otras declaraciones suyas contienen, para luego escrutar la manera como lo aplica a su obra literaria». Este plan y método tienen sólo un defecto desde la perspectiva del presente libro. Formulan una cuestión crítica en términos que falsifican el planteamiento galdosiano de su obra por hacer. Para un crítico de hoy o de entonces, es legítimo preguntarse por la esencia del realismo literario, pero Galdós quería escribir novelas, no síntesis críticas. Su obra teórica, como veremos, evita los «ismos» para concretarse a los problemas prácticos de su arte literario.

[12] Es posible que nos extrañe hoy esta versión de la continuidad de la literatura española. Volveremos en la Parte II a estudiar largamente lo que vamos a identificar como la tradición literaria en la cual el joven Galdós se coloca.

[13] Cabe preguntar por qué Galdós no menciona a Cruz en «Observaciones». Dada la coincidencia temática entre los dos ensayos, su publicación en la misma revista *(Revista de España)*, y la precedencia cronológica de la materia de «Don Ramón», creo posible sólo una explicación de esta omisión de Cruz en «Observaciones». Entre la publicación en julio de «Observaciones» y la primera parte de «Don Ramón» a finales de noviembre del mismo año, Galdós descubre a Cruz. En «Don Ramón» Galdós, a pesar del gran interés por Cruz demostrado anteriormente en el siglo XIX en España (véanse las notas 6 y 8), habla de Cruz como «escritor hoy casi desconocido» (II, i; 1479), y de los sainetes como obras cuya reputación es la de «obrillas de escaso valor y ninguna trascendencia» (I, iv; 1475). Para informarse sobre Cruz don Benito tuvo que leer los sainetes en la edición citada en la nota 8. En la biblioteca personal de Galdós en la Casa-Museo de Las Palmas, existe también un ejemplar de una selección, con introducción, de sainetes traducidos al francés por el gran hispanista Antoine de Latour (*Sainètes de Ramón de la Cruz*, Paris, Michel Lévy Frères, 1865); las páginas de la introducción biográfica y literaria (1-37) figuran entre las pocas cortadas del ejemplar.

[14] Se debe recordar que la crítica literaria decimonónica —del *Semanario Pintoresco Español*, de Galdós, Pereda, Alas, Valera, Pardo Bazán, etc.— acentuaba lo temático. En el siglo del progreso, cuando el hombre se creía llamado a un gran destino, las meditaciones formales de los franceses eran la excepción, no la regla, en la práctica de los críticos y muchos de los escritores. El tema determinaba la técnica. Se volverá a esta cuestión en la Parte III.

[15] La postura de don Benito evoluciona con el tiempo. Por ahora baste decir que en 1870 él tenía todavía grandes esperanzas liberales por un balance positivo de la Revolución de septiembre

de 1868, la que terminó con la huida de la hija de Fernando VII,
Isabel II, de España, iniciando así un período de experimentación
democrática. Dada que esta revolución era obra de los que Galdós consideraba la clase media, se creía muy justificado en evaluar tan positivamente a este estamento social. Aunque tarde, a
nivel europeo, de esta clase se podía esperar en España los grandes adelantos socio-político-económicos que se habían logrado
particularmente en Inglaterra y Francia. Se volverá a la visión
galdosiana de la clase media a continuación.

[16] El epílogo aparece sólo en dos ediciones: B. Pérez Galdós,
Episodios nacionales, X (edición ilustrada de 1882-1885), Madrid,
La Guirnalda, 1885, pp. i-vii; y en William H. Shoemaker, *Los
prólogos de Galdós*, México, University of Illinois Press y Ediciones de Andrea, pp. 54-65. Se citará de la primera.

[17] Es de notar que aquí Galdós empieza la leyenda de su
inhabilidad crítica. La producción crítica de Valera, Pardo Bazán y Alas entre 1881 y 1885 puede ser responsable de este apo-
camiento galdosiano. Sin embargo, creo que «Don Ramón»,
«Observaciones» y los numerosos artículos de crítica literaria ca-
talogados por Shoemaker (nota 1) son testigos de una labor crítica digna de tenerse en cuenta. (¡Qué pena que Galdós no hubiera escrito esos «desahogos»!).

[18] El optimismo liberal del joven Galdós es un factor importantísimo en su obra. Se volverá constantemente a sus manifestaciones y consecuencias.

[19] *Un faccioso más y algunos frailes menos*, xxvi, en Galdós,
O. c., II, 1971, pp. 773-774. Se hablará de esta evaluación socio-
política en la Parte III.

[20] Casalduero, *Vida y obra de Galdós*, 2.ª ed., Madrid, Gredos,
1961, pp. 44-45. Críticos de una pronunciada tendencia socialista
como Julio Rodríguez-Puértolas (en su «Introducción» a *El caballero encantado* de Galdós, Madrid, Cátedra, 1977, pp. 27-29) y
Víctor Fuentes (en su introducción a *Galdós, demócrata y republicano [escritos y discursos 1907-1913]*, Las Palmas y La Laguna,
Cabildo Insular de Gran Canaria y Universidad de La Laguna,
1982) nos recuerdan la necesidad de valorar la obra no socio-
mimética de Galdós con vista a comprenderla —como Casalduе-
ro— y de evitar una condena no meditada.

[21] Casalduero divide estos períodos en subperíodos, pero para
nuestro propósito no importa hacer hincapié en ese aspecto de su
estudio; véase Casalduero, *Op. cit.*, pp. 44-45.

[22] Publicado por primera vez en [Marcelino] Menéndez Pelayo, [José M.ª] Pereda, [Benito] Pérez Galdós, *Discursos leídos
ante la Real Academia Española en las recepciones públicas del
7 y 21 de febrero de 1897*, Madrid, Tello, 1897. El discurso de ingreso galdosiano figura en las páginas 5-29. En el presente libro
cito de Galdós, *Ensayos* (nota 2), pp. 173-182.

[23] Esta diferencia entre erudición social y erudición bibliográfica debe contener el punto de partida de una investigación
bastante importante de dos hechos: el poco caso que se ha he-

cho del Galdós crítico, y de la gran diferencia entre los críticos de Galdós que se dividen según su criterio de la relación vida-literatura, cuestión que se tratará en la Parte II, y de otra manera en la Parte III-2 cuando se hable de *Fortunata y Jacinta*.

[24] Véase la conclusión de este libro para una confirmación de este aserto en la crítica de Juan Benet de la novelística galdosiana.

[25] Toda referencia a *Los condenados* se basa en la edición citada en la nota 5: *O. c.*, VI, 1968, pp. 697-706.

[26] Galdós, *O. c.*, VI, 1968, p. 698. Las citas del prólogo a continuación son de las pp. 701 y 702.

[27] Se hablará largamente del simbolismo de *La de San Quintín* en la Parte III-3.

[28] Galdós, *O. c.*, VI, 1968, p. 903. Las citas del prólogo a continuación son de las pp. 903, 904 y 909.

[29] Para una prueba de la creencia galdosiana todavía en 1879 de la existencia de la clase media española, véase la referencia de la nota 19.

[30] Omito de esta lista *Antón Caballero*, obra póstuma de Galdós, que refundieron los hermanos Alvarez-Quintero; se basaron en un borrador que les entregó María Pérez Galdós, hija del autor. Se estrenó el 16 de diciembre de 1921. Véase Galdós, *O. c.*, VI, 1968, p. 1.347.

[31] Galdós, *O. c.*, VI, 1968, p. 703. Las citas a todos los escritos mencionados en esta sección son de esta edición.

PARTE II (pp. 37-72)

[1] Walter T. Pattison, *Benito Pérez Galdós*, Boston, Twayne, 1975, p. 28. La primera gran fuente biográfica de la vida de Galdós es H. Chonon Berkowitz (véase nota núm. 10 de la Parte I). La parte biográfica del libro de Pattison parte de Berkowitz, pero siempre desde un punto de vista muy informado por investigación propia. Para la vida de Galdós después de 1871, año en que empieza su vida veraniega en Santander, el libro de Benito Madariaga, *Pérez Galdós, biografía santanderina*, Santander, Institución Cultural de Cantabria, 1979, es una gran aportación a nuestros conocimientos de la vida de don Benito. Véase también la nota 8 a continuación.

[2] Berkowitz, *Op. cit.*, pp. 47, 53-54, 293-294; Pattison, *Op. cit.*, p. 28.

[3] Pattison, *Op. cit.*, pp. 10, 22-25, 28; Berkowitz, *Op. cit.*, pp. 19, 38-40.

[4] Pattison, *Op. cit.*, pp. 15, 23, 29-30. Véase también la correspondencia de Galdós (Sebastián de la Nuez y José Schraibman, *Cartas del archivo de Galdós*, Madrid, Taurus, 1967; Soledad Ortega, *Cartas a Galdós*, Madrid, Revista de Occidente, 1965; Carmen Bravo Villasante, «Veintiocho cartas de Galdós a Pereda», en *Cuadernos Hispanoamericanos*, núms. 250-252 (1970-1971), pp. 9-49;

etc.); abundan referencias importantes a su familia y amigos canarios.

⁵ Pattison, *Op. cit.*, pp. 29-30.

⁶ Galdós, *O. c.*, VI, 1968, p. 1.674.

⁷ El tema Galdós-Canarias es muy complicado. No pretendo ser perito en la materia y sólo quiero afirmar lo que creo fundamental en Galdós: que se marchó de Canarias por encontrar poco campo para sus proyectos de vida. Para informarse detenidamente sobre Galdós y Canarias, y para ver algunas rectificaciones respecto a los trabajos de Berkowitz, el lector debe consultar los siguientes estudios: José Pérez Vidal, *Galdós en Canarias* (1843-1862), Las Palmas, El Museo Canario, 1952, y, del mismo autor, *Canarias en Galdós*, Las Palmas, Excmo. Cabildo Insular de Gran Canaria, 1973; Enrique Ruiz de la Serna y Sebastián Cruz Quintana, *Prehistoria y protohistoria* de Benito Pérez Galdós, Las Palmas, Excmo. Cabildo Insular de Gran Canaria, 1973. Dos artículos de Berkowitz se atienen a nuestro enfoque: «Los juveniles destellos de Benito Pérez Galdós», *El Museo Canario*, IV, núm. 8 (1936), pp. 1-37; y «The youthful writings of Pérez Galdós», *Hispanic Review*, 1 (1933), pp. 91-121. Este segundo ensayo incluye un estudio de los dibujos caricaturescos del joven Galdós. Una selección de éstos, sobre todo los relacionados con «El teatro acuático», se pueden ver reproducidos en *Galdós en Canarias* y en *Prehistoria y protohistoria*.

Para el no isleño puede resultar interesante la consulta de Joaquín Blanco, *Breve noticia histórica de las Islas Canarias*, 2.ª ed., Excmo. Cabildo Insular de Gran Canaria, 1976. El último capítulo del libro se titula «Las luchas entre las islas» (pp. 331-373), y narra la historia de la enemistad entre Gran Canaria y Tenerife. Dentro de las Divisiones del libro este captíulo se refiere a los años 1808-1927 en Canarias. Es interesante notar que la obra de Galdós, en su mayor parte, se centra en el período coetáneo: 1805-1918. Pero mientras Galdós se ocupaba del destino nacional, las Canarias vivían sus rencores. En el momento en que escribo (julio, 1982), hace pocas semanas que Las Palmas vio una manifestación de unas doscientas mil personas que querían su propia universidad para Gran Canaria; están hartas de tener que ir a Tenerife para su formación humanística universitaria.

⁸ Para una idea de esta actividad véase Galdós, «Crónica de Madrid (1865-1966)», en *O. c.*, VI, 1968, pp. 1511-1581. Si uno desea una versión más documentada del Galdós periodista joven, debe consultar a Leo J. Hoar., Jr., *Benito Pérez Galdós y la «Revista del Movimiento Intelectual de Europa» (Madrid 1865-1867)*, Madrid, Insula, 1968; y William H. Shoemaker, *Los artículos de Galdós en «La Nación» (1865-1866, 1868)*, Madrid, Insula, 1972.

⁹ Véase Ricardo Gullón, *Galdós, novelista moderno*, Madrid, Gredos, 1966, pp. 12-15; José F. Montesinos, *Galdós*, I, Madrid, Castalia, 1968, pp. 11-13; ·y, Pattison, *Op. cit.*, pp. 25-27.

¹⁰ Para obtener información histórica sobre estos años, véase Raymond Carr, *España 1808-1939*, Barcelona, Ediciones Ariel,

158 STEPHEN MILLER

1969, pp. 255-296; y Miguel Artola, *La burguesía revolucionaria (1808-1869)*, (t. V de *Historia de España Alfaguara*), Madrid, Alianza Editorial-Alfaguara, 1973, pp. 363-397.

[11] Berkowitz, *Pérez Galdós, spanish liberal crusader*, p. 88. Las citas de Berkowitz a continuación son de la p. 88.

[12] Casalduero, *Vida y obra de Galdós*, 2.ª ed., Madrid, Gredos, 1961, pp. 7, 15-17; toda cita de Casalduero en esta parte se basa en estas páginas.

[13] Gullón, *Op. cit.*, p. 41. El título del libro del profesor Gullón es muy significativo en el contexto de la España literaria en la década 1950-1960. El núcleo del libro salió de un extenso estudio preliminar a una edición de *Miau* llevado a cabo por Gullón en Puerto Rico en 1957. Guillermo de Torre aclamó el estudio como un «Redescubrimiento de Galdós», título de un artículo que publicó en *Insula*, núm. 136 (1958), pp. 1, 2. Bien conocida es la poca popularidad de Galdós entre los miembros de la Generación del '98' y las siguientes promociones literarias. Aclamar a Galdós como «novelista moderno» y ponerlo en la compañía de Dickens, Balzac, etc., tiene el propósito, pues, de despertar el interés de aquellos que no tomaban en serio al gran novelista canario. Todavía hoy, sin embargo, escritores tan acreditados como Gonzalo Torrente Ballester («La insuficiencia de Galdós», *Cuadernos para el Diálogo*, núm. 23 [1970], pp. 9-12), Juan Benet («Reflexiones sobre Galdós», *Cuadernos para el Diálogo*, núm. 23 [1970], pp. 13-15), y Francisco Umbral («Spleen de Madrid», *El País*, 17 de enero de 1982) no aceptan a Galdós plenamente; Torrente concede la existencia de razones de índole particular que se interponen entre Galdós y él, pero Benet y Umbral, en el tono arrogante que les caracteriza, se mofan despiadadamente de la idea de que Galdós sea escritor de categoría mundial.

[14] Montesinos, *Op. cit.*, pp. 22-25. Para una idea de conjunto más completa de las posibles influencias europeas y españolas (bíblica, inglesa, francesa, alemana, noruega y rusa), véase la bibliografía anotada de Hensley C. Woodbridge, «Benito Pérez Galdós: a selected annotated bibliography», *Hispania*, 53 (1970), pp. 911-914.

[15] El libro de Gilman se publicó en inglés: *Galdós and the art of the european novel: 1867-1887*, Princeton, New Jersey, Princeton University Press, 1981.

[16] Gilman, *Op. cit.*, p. 16.

[17] *Ibid.*, pp. 10-23.

[18] *Ibid.*, p. 9.

[19] *Ibid.*, p. 13. La versión galdosiana de este principio se encuentra formulada muchas veces en los *Episodios nacionales* de todas las series. Pero, para que no haya duda de que ésta es la filosofía de la historia de Galdós, Gilman cita una declaración suya del epílogo de 1885 (véase la nota 16 de la Parte I): «Lo que comúnmente se llama *Historia*, es decir, los abultados libros en que sólo se trata de casamientos de Reyes y Príncipes, de tratados y alianzas, de las campañas de mar y tierra, dejando en

olvido todo lo demás que constituye la existencia de los pueblos, no bastaba para fundamento de estas relaciones, que o no son nada, o son el vivir, el sentir y hasta el respirar de la gente» (iii). Cf., nota 27, Parte III-1.

[20] Gilman, *Op. cit.*, pp. 197-201.

[21] *Ibid.*, p. 198.

[22] *Ibid.*, pp. 184-185.

[23] Los siguientes artículos y ponencias mías son los primeros eslabones de las investigaciones que han conducido a esta teoría: «Galdós, Aguilera y la novela española», *Insula*, núm. 395 (1979), pp. 1, 14; «Mesonero Romanos y la novela moderna en España», *Insula*, núm. 407 (1980), pp. 1, 10, 11; «Role-playing and world theater in Galdós», First Louisiana Conference on Hispanic Languages and Literatures, Louisiana State University, 28 de febrero de 1980; «The change in Galdós as social critic between 1870 and 1897» (véase la nota 10 de la Parte I); «Galdós, Valera y Pereda frente a Ventura Ruiz Aguilera», Primer Coloquio Internacional de Literatura Hispánica, Universidad Internacional Menéndez Pelayo, Santander, 1.º de septiembre de 1981; y, «Galdós y la estética de la observación directa de la sociedad», Coloquio sobre la narrativa española del siglo XIX, University of Pennsylvania, 4 de mayo de 1982.

[24] Montesinos sería el primer crítico contemporáneo que empezó este trabajo; su serie de libros sobre temas y autores españoles decimonónicos es impresionante: *Introducción a una historia de la novela en España, en el siglo XIX* (1955), *Pedro Antonio de Alarcón* (1955), *Valera o la ficción libre* (1956), *Pereda o la novela-idilio* (1959), *Costumbrismo y novela* (1959), *Fernán Caballero, ensayo de justificación* (1961), y *Galdós I-III* (1968, 1969, 1972). Juan Ignacio Ferreras sigue a Montesinos con respecto a un plan de investigación exhaustivo: *La novela por entregas (1840-1900)* (1973), *Introducción a una sociología de la novela española del siglo XIX* (1973), *Los orígenes de la novela decimonónica (1800-1870)* (1973), *El triunfo del liberalismo y de la novela histórica (1830-1870)* (1976), y *Catálogo de novelas y novelistas españoles del siglo XIX* (1979); la serie de trabajos anunciado por Ferreras comprende tres libros más que todavía no han sido publicados. A estos esfuerzos hercúleos, se deben añadir dos coloquios recientes cuyo propósito era sintetizar nuestra visión del XIX: el Primer Coloquio Internacional de Literatura Hispánica, realizado por la Sociedad Menéndez Pelayo, la Biblioteca de Menéndez Pelayo y la Universidad Internacional Menéndez Pelayo (1 al 5 de septiembre de 1981), se enfocó sobre la Generación de 1868; y, el Coloquio sobre la narrativa española del siglo XIX, organizado por el profesor Germán Gullón de la Universidad de Pennsylvania (4 y 5 de marzo de 1982), se esforzó por relacionar la novela romántica con la realista.

[25] Galdós, *O. c.*, VI, 1968, p. 1.627.

[26] Para una muestra de sus colaboraciones, véase la nota 9. El profesor Roger L. Utt ha identificado diez publicaciones perió-

STEPHEN MILLER

dicas, y las fechas respectivas, en las que Galdós colaboró entre
1863 y 1873: *El Contemporáneo, La Nación, Revista del Movimiento Intelectual de Europa, La América, Las Cortes, Revista de España, El Correo de España, El Debate, Ilustración de Madrid* y
La Guirnalda. Esta información forma parte de su tesis doctoral
en la Universidad de California en Santa Bárbara, 1979. Me valgo
de una tabla esquemática que Utt distribuyó a los asistentes a
una sesión especial sobre «History as narrative system: the fourth
series of Galdós *Episodios nacionales*», organizada por los profesores Rodolfo Cardona y Anthony N. Zahareas, como parte de
las reuniones de la Modern Language Association en Nueva York,
1978.

²⁷ Una muestra de esta producción incluye *La sombra, La
Fontana de Oro,* y los artículos y obras de Galdós estudiados y
publicados por Berkowitz en las referencias citadas en la nota 8.

²⁸ Berkowitz, en *Pérez Galdós, spanish liberal crusader,* pp.
79-81, 84, da las fechas de composición de estas obras. También
se puede consultar, para el caso de *La sombra* el prólogo que
Galdós pone a *La sombra, Celín, Tropiquillos, Theros,* Madrid, La
Guirnalda, 1890.

²⁹ Ventura Ruiz Aguilera, *Obras completas,* III, 2.ª ed. *(Libro
de las sátiras),* Madrid, Imprenta y Estereotipia... Aribau y C.ª,
1873, pp. ix-x. Todas las obras de Aguilera de que cito son de la
biblioteca personal de Galdós. Para más datos biográficos de
Aguilera, véase Enrique de Sena, «Ventura Ruiz Aguilera, un sal-
mantino olvidado», en Aguilera, *Ecos nacionales* (selección), Salamanca, Librería Cervantes, 1981, pp. 7-17.

³⁰ *Ibid.,* p. vii.

³¹ Ventura Ruiz Aguilera, *Obras completas,* I, 4.ª ed. *(Ecos
nacionales, Cantares),* Madrid, Imprenta de la Biblioteca de Instrucción y Recreo, 1873, p. 385. Aguilera escribió una novela sobre
la continuación de las manifestaciones en contra de Narváez; la
novela tiene lugar la noche del 26 de mayo de 1848 y se titula
*Un conspirador de a folio, novela burlesca por..., ex-ciudadano pa-
cífico* (publicada en noviembre, 1848 en Valencia, desde el exilio).

³² Mendía y Aguilera, *Europa marcha, o sea, análisis filosófico de la historia del progreso europeo antiguo y moderno y de la
Revolución de 1848, seguido de un estenso programa de las necesidades de España y reformas que reclama este país. Con un
apéndice que comprende un breve estudio acerca de la escuela
socialista-falansteriana,* Valencia, Imprenta de D. José Mateu Ga-
rín, 1849, xiv + 552 pp. Debe ser bastante raro este libro. Nunca
he visto ninguna referencia bibliográfica a él, y sólo conozco dos
ejemplares, existentes en la biblioteca de la Universidad de Salamanca (ciudad natal de Aguilera) y en la Biblioteca Nacional.

³³ Esta cita, y la de la siguiente oración son de Aguilera, *O. c.,*
I, p. 385.

³⁴ Aguilera, *O. c.,* I, p. 93.

³⁵ Hans Hinterhäuser, *Los «Episodios nacionales» de Benito
Pérez Galdós,* Madrid, Gredos, 1963, pp. 46-47, 89, 284-285.

[36] Aguilera, *O. c.*, III, p. ix.

[37] Si resulta extraño al lector conceptuar a Moratín como escritor nacional, por su reputación de *afrancesado*, debe consultar el artículo de Galdós, «Moratín y su época», fechado en «Madrid, 10 de noviembre de 1886»; se encuentra en Benito Pérez Galdós, *Obras inéditas*, V, *Nuestro teatro*, ed. por Alberto Ghiraldo, Madrid, Renacimiento, 1923, pp. 21-30. Con respecto a Aguilera, su comedia *Del agua mansa nos libre Dios*, estrenada el 5 de abril de 1847, parece ser inspirada en *La mojigata* (1804) de Moratín.

[38] Aguilera, *O. c.*, I, pp. 189-193. Toda cita a continuación de estos versos se refiere a las páginas éstas.

[39] Aguilera, *O. c.*, I, pp. 402-404. Aguilera puso como apéndice a los tres tomos de sus obras completas (en verso), juicios críticos contemporáneos a la publicación de las obras que, después, coleccionó. Entre estos juicios figuran ensayos de Galdós de los cuales se hablará más adelante.

[40] Aguilera, *O. c.*, I, pp. 396-402.

[41] *Ibid.*, p. x. Toda cita del prólogo en éste y los próximos dos párrafos es de este tomo, pp. ix-xiv.

[42] Para la reseña galdosiana de una colección de «ecos» —titulada *El libro de la patria* (1869)— que forma parte de la edición completa, véase Aguilera, *O. c.*, I, pp. 405-410. La biblioteca de Galdós en Las Palmas contiene un ejemplar de *El libro de la patria* dedicado a don Benito por Aguilera; también existen ejemplares de los tres tomos de las *Obras completas*.

[43] Las obras teatrales, con su fecha aproximada o exacta de estreno, son: *Honra por honra* (26-VII-1845); *Del agua mansa nos libre Dios* (5-V-1847); *Bernardo de Saldaña* (8-III-1848); *Bernardo de Carpio* (14-III-1848); *No se venga quien bien ama* (3-V-1848); *Camino de Portugal* (31-X-1849), obra que recuerda a *Luis Pérez, el gallego* de Calderón; *La limosna y el perdón* (6-VI-1850); *Vencer un imposible o el mundo al revés* (17-I-1851); y, *La flor marchita* (13-XI-1858). Esta información está basada en *Veinticuatro diarios (Madrid, 1830-1900)*, IV, por el Seminario de Bibliografía Hispánica de la Facultad de Filosofía y Letras de Madrid, Madrid, C.S.I.C., 1975, pp. 210-211. Las comedias aguilerianas se pueden dividir en temas históricos y de costumbres contemporáneas. En Aguilera, *O. c.*, III, pp. xii-xiii, don Ventura habla un poco sobre la situación económica del teatro madrileño entre 1844 y 1849.

[44] Aguilera, *Proverbios ejemplares*, I, Madrid, Leocadio López, 1864, p. i. A continuación toda cita procedente de este prólogo se refiere a las pp. i-xi de esta edición.

[45] Sería bastante normal que la crítica viera en esta declaración de Aguilera la influencia del crítico francés Hippolyte Taine (1823-1893), autor del famoso *Histoire de la littérature anglaise* (1.ª ed. 1863). Sin embargo, Taine trabaja dentro de una tradición de crítica sociológica que empieza con la *Scienza nuova* (1725-1744) de Giambattista Vico (1668-1744), y que continúa con las *Ideen zur Philosophie der Geschichte der Menschheit* (1784-1791) de Johann Gottfried Herder (1744-1803). En España Esteban de

Arteaga (1744-1799) propone una versión propia de esta estética sociológica en su tratado sobre *La belleza ideal* (1789). Varios años más tarde las vetas italianas, alemanas y españolas confluyen en el período de renovación nacional que sigue a la Guerra de la Independencia. Johann N. Böhl von Faber (1770-1863), Agustín Durán (1793-1862) y el poco conocido Luigi Monteggia (colaborador de *El Europeo*-1823) buscan los textos literarios, sobre todo los del Romancero y el teatro del Siglo de Oro, que mejor reflejan las consecuencias de un vivir determinado por una serie única de circunstancias geográficas, sociales e históricas. Como veremos Mesonero Romanos y los escritores del *Semanario Pintoresco Español* (1836-1856) continúan esta labor, a nivel práctico y teórico; crean así el elemento cultural en que respira Aguilera.

⁴⁶ Con respecto al tema, Cruz, defendiéndose de los ataques de un crítico, plantea el criterio desde el cual deben juzgarse los sainetes: «Los que han paseado el día de San Isidro en su pradera; los que han visto el Rastro por la mañana, la Plaza mayor de Madrid la víspera de Navidad, el Prado antiguo por la noche, y han velado en las de San Juan y San Pedro; los que han asistido a los bailes de todas clases de gentes y destinos; los que visitan por ociosidad, por vicio o por ceremonia... En una palabra, cuantos han visto sainetes reducidos al corto espacio de veinte y cinco minutos de representación... digan si son copias o no de lo que ven sus ojos y de lo que oyen sus oídos; si los planes están o no arreglados al terreno que pisan; y si los cuadros no representan la historia de nuestro siglo» (p. xl de la edición de los sainetes citada en la nota 8 de la Parte I). Galdós reproduce esta cita, de manera muy positiva, en «Don Ramón de la Cruz y su época» (II, iv).

⁴⁷ Aguilera, *Inspiraciones*, Madrid, Rivadeneyra, 1865. El prólogo figura en las pp. v-xvi; pero para facilitar la consulta del mismo toda cita del prólogo es de la edición *O. c.*, III (véase la nota 29), pp. 75-79, donde Aguilera lo publica por segunda vez. La primera edición de *La arcadia moderna* aparece en 1867, publicada en Madrid por Rojas y Compañía; el prólogo es de las pp. v-xxii, pero sigo el mismo método explicado con respecto al prólogo de *Inspiraciones*, citando de *O. c.*, III, pp. 80-94.

⁴⁸ Para información sobre las relaciones entre las literaturas española y alemana, véase J. M. Díez Taboada, «El germanismo y la renovación de la lírica española en el siglo XIX, 1840-1870», *Filología moderna*, núm. 5, 1961, pp. 21-55; además del caso de Aguilera, Taboada estudia este tema en Campoamor, Hartzenbusch, Coronado, Selgas, Trueba, Barrantes, Ferrán, E. F. Sanz, Dacarrete y Bécquer. También abunda información —aunque de manera esporádica, dado el enfoque del libro— en David T. Gies, *Agustín Durán, a biography and literary appreciation*, London, Támesis Books Limited, 1975. Finalmente E. Allison Peers (véase la nota 51 a continuación) aporta muchísima información sobre las relaciones hispano-alemanas.

⁴⁹ Del presente libro se ha excluido una sección en la que se

estudian otros aspectos de estas relaciones literarias y personales; se basa en un análisis más detallado de las reseñas galdosianas de los libros de Aguilera, de la presencia de temas y personajes aguilerianos en la creación galdosiana, y de las seis cartas que tenemos de Aguilera a Galdós (escritas entre 1870 y 1881). Dado el enfoque principal de *El mundo de Galdós*, extendernos demasiado en estas relaciones amenazaría la unidad del libro. Sin embargo, habrá que volver una vez más a la presencia de Aguilera en Galdós en la Parte III-1. Intento reducir al mínimo nuestra consideración de Aguilera al mismo tiempo que le prestamos la atención necesaria para comprender su papel en la formación de Galdós y la gran novela decimonónica española.

[50] Véase, por ejemplo: Bonet, *Op. cit.* (nota 2, Parte I), p. 14; Correa, *Op. cit.* (nota 10, Parte I), p. 13; Nimetz, *Op. cit* (nota 10, Parte I), p. 3; y, Shoemaker, *Op. cit.* (nota 1, Parte I), p. 24. Importa notar que Montesinos en su artículo sobre «Observaciones» en *Insula* (nota 4, Parte I) y, cinco años más tarde, en *Galdós* (nota 9, Parte II) evita el uso del término «realismo»; se atiene a la manera galdosiana de enfocar la cuestión de la novela que quiere para España. Sin duda la práctica de Montesinos en este respecto me orientó: estudiar «Observaciones» más como un documento de descubrimiento, que de recopilación académica o formulación teórica. Para un resumen completo del uso del término «realismo» y del realismo como movimiento literario en Europa y España, véase Jeremy T. Medina, *Spanish realism: the theory and practice of a concept in the nineteenth century*, Potomac, Maryland, José Porrúa Turanzas / North American Division, 1979, pp. 7-82.

[51] El gran estudio de E. Allison Peers, *Historia del movimiento romántico español*, 2 tomos, 2.ª ed., Madrid, Gredos, 1967, demuestra cuán problemático es poner fechas al romanticismo en España. El profesor David T. Gies, en «Don Juan contra don Juan: apoteosis del romanticismo español», *Actas del Séptimo Congreso de la Asociación Internacional de Hispanistas*, Roma, Bulzoni Editore, 1981, demuestra cómo *Don Juan Tenorio* dista de ser una obra romántica «pura», poniendo así en duda muchas generalizaciones referentes al romanticismo español.

[52] Juan Ignacio Ferreras en *Historia de la literatura española*, III, Siglos XVIII/XIX, ed. por J. M. Díez Borque, Madrid, Taurus, 1980, p. 368. Es de notar que Ferreras termina reservando el término «romántico» sólo para obras en que se celebra esta «ruptura» y la consiguiente «exaltación del yo individual y casi lírico» (p. 370).

[53] Galdós, *Obras inéditas*, II, *Arte y crítica*, ed. por Alberto Ghiraldo, Madrid, Renacimiento, 1923, p. 121.

[54] Peers, *Op. cit.*, II, pp. 77-198.

[55] *Ibid.*, p. 77.

[56] *Ibid.*, pp. 77-78.

[57] *Ibid.*, p. 128.

[58] En mi opinión es necesario señalar la gran importancia que

164   STEPHEN MILLER

tienen para Galdós las materias estudiadas e ilustradas con grabados en madera en el *Semanario*. Todo lector aficionado a la novela y literatura del siglo XIX español debiera pasar muchas horas recreando el ambiente de la época que comunica esta revista (y otras por el estilo). El hecho de que Galdós tuviera una buena colección de tales revistas es muy elocuente. Los críticos que quieren establecer una línea divisoria demasiado tajante entre vida y literatura, sobre todo en el caso de la novela de costumbres, deben, creo, tener más en cuenta el aspecto documental de gran parte de la literatura decimonónica. Cf. nota 33 de la Parte III-1.

Para otra perspectiva sobre el aspecto documental de la novela galdosiana de costumbres, véase la edición y estudio preliminar de Alicia G. Andréu, «*La Cruz del olivar* por Faustina Sáez de Melgar, un modelo literario en la vida de Isidora Rufete», en *Anales Galdosianos*, Anejo (1980). Andréu amplifica esta perspectiva respecto al tema en las tempranas novelas contemporáneas galdosianas en su recientemente publicado: *Galdós y la literatura popular*. Colección Temas, Sociedad General Española de Librerías, Madrid, 1982.

⁵⁹ *Sem. Pint. Esp.*, 3 (1838), p. 802.

⁶⁰ Hartzenbusch, «Sobre el teatro de Don Ramón de la Cruz», *Sem. Pint. Esp.*, 6 (1841), pp. 61, 62, 72; pero todo el ensayo (pp. 61-64, 71-72) merece ser leído para saborear mejor la importancia de Cruz para todos los escritores que estudiamos aquí. En este sentido se debe leer también a José Somoza (1781-1852), «Una conversación... entre el español Cervantes y el inglés Shakespeare», *Sem. Pint. Esp.*, 3 (1838); las pp. 691-692 versan sobre Cruz. Además urge consultar a Antonio Ferrer del Río (1814-1872), «Don Ramón de la Cruz», *Sem. Pint. Esp.*, 21 (1856), pp. 3-4; este artículo se basa en la *Historia del reinado de Carlos III* (1856) por Ferrer.

⁶¹ Mesonero, «Rápida ojeada sobre la historia del teatro español, tercera época», *Sem. Pint. Esp.*, 7 (1842), p. 391.

⁶² Mesonero, *Op. cit.*, p. 399. Aguilera en el proverbio «De fuera vendrá, quien de casa nos echará» (*Proverbios cómicos*, Madrid, 1870, pp. 7-60), y Galdós en «Observaciones» (*Ens.*, 117-120) recogen este tema en su día.

⁶³ Bermúdez, *Sem. Pint. Esp.*, 5 (1840), p. 150.

⁶⁴ Esta y las siguientes citas de Mesonero son de «La novela», *Sem. Pint. Esp.*, 4 (1839), pp. 253-255.

⁶⁵ *Sem. Pint. Esp.*, 4 (1839), p. 254.

⁶⁶ Se hablará largamente en la Parte III-2 de las diferentes divisiones genéricas que Galdós utiliza para clasificar sus novelas.

⁶⁷ Para una coincidencia sorprendente sobre este punto entre Mesonero y Leopoldo Alas, véase Alas, *Solos de Clarín*, Madrid, Alianza, 1971, p. 203.

⁶⁸ Véase Galdós, *Ensayos*, pp. 214-215. Estas páginas pertenecen al prólogo que Galdós escribió para la edición de 1901 de

La Regenta de Alas. Recordando que el término «naturalismo» en el contexto decimonónico español se asemeja mucho más a «realismo» que al «naturalismo» francés de Zola, y que para Galdós equivale a «ajustar las ficciones del arte a la realidad de la Naturaleza» (*Ens.*, 214), es fundamental la siguiente afirmación galdosiana: «el llamado Naturalismo nos era familiar a los españoles en el reino de la Novela, pues los maestros de este arte lo practicaron con toda la libertad del mundo, y de ellos tomaron enseñanza los noveladores ingleses y franceses. Nuestros contemporáneos ciertamente no lo habían olvidado cuando vieron traspasar la frontera el estandarte naturalista, que no significaba más que la repatriación de una vieja idea; en los días mismos de esta repatriación tan trompeteada, la pintura fiel de la vida era practicada en España por Pereda y otros, y lo había sido antes por los escritores de costumbres» (*Ens.*, 215). Ahora podemos apreciar por qué el Galdós de «Observaciones» hablaba tanto de las costumbres y la fiel observación y traslado de las mismas, y tan poco de «ismos» literarios. Cf. Mesonero, «La novela», *Sem. Pint. Esp.*, 4 (1839), p. 255.

[69] *Sem. Pint. Esp.*, 7 (1842), p. 400.

[70] Se habrá echado de menos la presencia de Larra y Fernán Caballero en esta versión de la tradición literaria que produce a Galdós. Sin embargo, tenemos las propias palabras galdosianas (*Ens.*, 122), ya citadas, que explican sus ideas —por lo visto nunca revisadas, a diferencia de las tocantes a Pereda— sobre Fernán. Y, por lo que yo he podido averiguar, y por la ausencia suya en Galdós si no es como personaje de tercera categoría, Larra no parece haber formado parte destacada o aún significativa en el pensamiento socio-literario de nuestro autor. Por inverosímil que pueda parecer, la única referencia crítica de Galdós a Larra que encuentra el escrupuloso Shoemaker (*Op. cit.*, nota 1 de la Parte I, p. 246) es la siguiente: «Galdós creía en 1879... que Larra había sido uno de los secuaces de Mesonero Romanos y que su 'originalidad consiste en la crítica literaria y la sátira política, siendo en la pintura de costumbres discípulo y continuador de *El Curioso Parlante*'». Sin duda la relación Galdós-Larra merece una investigación seria, pero que no tendría razón de ser aquí.

[71] El gran trabajo bibliográfico correspondiente a esta toma de conciencia es la «Biblioteca de Autores Españoles», fundada en 1846 por Buenaventura Carlos Aribau (1798-1862) y Manuel Rivadeneyra (1805-1872). Hartzenbusch editó a Calderón, Ruiz de Alarcón, Lope de Vega y Tirso de Molina; Mesonero preparó los cuatro tomos de *Dramáticos contemporáneos a Lope de Vega* y el volumen dedicado a Rojas Zorrilla. Agustín Durán editó los dos tomos dedicados al Romancero, y Aribau el de Cervantes. Galdós poseía (y anotó) estos volúmenes.

[72] Véase Stephen Gilman, *Op. cit.* (nota 15), p. 24, n. 44. Gilman reconoce la importancia de Mesonero para Galdós; pero se limita a notar la «injusticia» para con Mesonero de su afirma-

ción respecto al estado desastroso de la literatura nacional anterior a Galdós. Gilman se basa en el trozo de «La novela» documentado en la nota 65; el profesor Lee Fontanella parece haberle informado sobre el particular.

73 Véase Gervasio Manrique, *Sanz del Río*, Madrid, Aguilar, s.a., pp. 20-21.

74 Véase Elías Díaz, *La filosofía social del krausismo español*, Madrid, EDICUSA, 1973, p. 11.

75 *Ibid.*, p. 11.

76 *Ibid.*, p. 22.

77 *Ibid.*, p. 22.

78 *Ibid.*, p. 47.

79 Juan López Morillas, *El krausismo español*, México, Fondo de Cultura Económica, 1956, p. 16.

80 Juan López Morillas, «Estudio preliminar», en *Krausismo: estética y literatura*, Barcelona, Editorial Labor, 1973, pp. 9-10.

81 Véase Benito Varela Jácome, *Alas «Clarín»*, Madrid, EDAF, 1980, pp. 18-20. «Zurita» forma parte de la colección titulada *Pipá* (1886), y «Un grabado» aparece en *Cuentos morales* (1895).

82 A este respecto se debe consultar la «Dedicatoria» que encabeza *La desheredada;* también es interesante el poema de Aguilera «El maestro que no viene» (1847), su secuela «Veinte años después» (1869), y la nota explicatoria de la situación histórica que sirve de fondo para los poemas: Aguilera, *O. c., I* (nota 31), pp. 50-53, 386.

83 Véase Denah Lida, «Sobre el 'krausismo' de Galdós», *Anales galdosianos*, 2 (1967), y López Morillas, *Op. cit.*, 1973, p. 10.

84 En este contexto es interesante consultar el «Prospecto» al *Semanario Pintoresco Español*, escrito sin firma, pero que tiene que ser obra de Mesonero (*Sem. Pint. Esp.*, 1 [1836], pp. 3-8). Es un programa de formación cultural digno de cualquier país en cualquier época.

85 López Morillas, *Op. cit.*, 1956, p. 132.

86 *Ibid.*, pp. 132-133.

87 *Sem. Pint. Esp.*, 7 (1842), p. 400; las citas a continuación son de esta página.

PARTE III-1 (pp. 73-94)

1 H. Chonon Berkowitz, «*Un joven de provecho:* an unpublished play by Pérez Galdós», en *PMLA*, 50 (1935), pp. 828-898; para la fecha de composición, véase pp. 830-831.

2 Aguilera, *Proverbios ejemplares*, 2 tomos, Madrid, Librería de D. Leocadio López, 1864; y, *Proverbios cómicos*, Madrid, Imp. de F. Martínez García, 1870.

3 Según Manuel Hernández Suárez *(Bibliografía de Galdós, I*, Las Palmas, Ediciones del Excmo. Cabildo Insular de Gran Canaria, 1972, p. 351), *La expulsión de los moros* fue, «Entregado en el año 1864 al empresario Manuel Catalina, director del teatro

del Príncipe», pero se perdió después. El texto de *Quien mal hace* se puede consultar en la edición de Ricardo Domenech, con introducción, en *Estudios escénicos*, núm. 18 (1974), pp. 253-292.

[4] Sobre *El hombre fuerte* véase Eduardo de Lustonó, «El primer drama de Galdós», en *Nuestro tiempo*, 1 (1902), pp. 155-165. Sin entrar en muchos detalles ya, recuérdese que Pereda en *Pedro Sánchez* (1883) se vale de Pedro como Galdós de Alejandro Miquis *(El doctor Centeno)* para describir las tentaciones que el teatro ofrecía al provinciano literato en ciernes que llegara a Madrid. Por su parte, Aguilera escribió hasta nueve comedias (véase la nota 43 de la Parte II).

[5] Galdós, *O. c.*, VI, 1968, p. 1.417.

[6] Aguilera, *Proverbios cómicos*, p. 257

[7] Hay otro elemento temático de *Un joven* que merece un breve comentario. El Marqués Escudo Rojo está complicado, como accionista, en una compañía de seguros en quiebra; la situación parece ser un precedente a la quiebra de la compañía de Joaquín Viera en *Realidad*, acontecimiento que, como en *Un joven*, tiene consecuencias importantes para los personajes principales.

[8] Como en Galdós, los nombres simbólicos abundan en los *Proverbios* y muchas otras obras de Aguilera. Véase Hinterhäuser, *Op. cit.* (nota 35 de la Parte II), pp. 284-287, para una breve reseña de esta cuestión en Galdós.

[9] Con respecto a la dificultad que presenta al escritor la observación directa de la sociedad, el documento más impresionante para mí es el «Adiós al lector» que pone Mesonero como prólogo a *Tipos y caracteres* (1862). Notando los muchos cambios de la sociedad madrileña entre 1836 y 1862 (de una manera que hace pensar en el Galdós de «Observaciones»: *Ens.*, pp. 121-122), dice de sí mismo: «El asendereado pintor, al fin, se confiesa vencido; el desmayado observador siente ofuscados su vigor y su imaginación, y en tal caso cumple a la conciencia del artista dejar caer el añejo y clásico pincel» (*Obras de Mesonero Romanos*, II, ed. de Carlos Seco Serrano, Madrid, BAE-Atlas, 1967, p. 202). Este tema fue uno de los puntos principales de mi ponencia «Galdós y la estética de la observación directa de la sociedad» (véase la nota 23 de la Parte II).

[10] Véase Philip Hofer, «Introduction», a *«La tauromaquia» and «The bulls of Bordeaux»*, por Francisco Goya y Lucientes, New York, Dover Publications, Inc., 1969, p. 1: «It was Goya's habit to seek inspiration from other prints; this was discovered by Miss Sayre in the case of the *Caprichos*, and is evident from the fact that Goya actually copied Velázquez. But after that first group... Goya always elaborated on as well as outdid his visual sources». Véase la nota 58, Parte II.

[11] Walter T. Pattison, *Benito Pérez Galdós and the creative process*, Minneapolis, University of Minnesota Press, 1954. Pattison cuenta su descubrimiento de la primera parte de *Rosalía*, y sus razones para creer que se trataba sólo de una versión desechada de *Gloria*. Da un resumen del argumento de esta versión,

y su edición —en 189 páginas— de ella en *Benito Pérez Galdós, etapas preliminares de «Gloria»*, Barcelona, Puvill-Editor, 1979.

[12] Respecto al descubrimiento de Smith, el único documento que tengo a mi disposición es el resumen dado por él mismo de su ponencia, *«Rosalía*, una novela inédita de Galdós», en el ya mencionado Primer Coloquio Internacional de Literatura en Santander. Toda cita referente a este escrito es del resumen, en versión fotocopiada, de Smith.

[13] Pattison, *Etapas preliminares*, pp. 5-8.

[14] Miller, «Mesonero Romanos y la novela moderna en España» *Insula*, núm. 407 (1980), p. 10.

[15] Mesonero (*Op. cit.*, nota 9, pp. 201-202) describe su intento vano de efectuar este tipo de síntesis. Para algunos comentarios galdosianos sobre la pugna estética suya alrededor de 1870, véanse los prólogos a las colecciones de narraciones breves encabezadas por *Torquemada en la hoguera* y *La sombra* respectivamente, en Shoemaker, *Los prólogos de Galdós*, México, University of Illinois Press y Ediciones de Andrea, 1962, pp. 66-68.

[16] A pesar de las diferencias de enfoque entre el tan citado estudio de Gilman y el libro presente, es interesante consultar el índice a *Galdós and the art of the european novel* (nota 15, Parte II), pp. 395-396, 398, 405-406; las referencias a Balzac y Dickens son mucho más numerosas que las referencias a Scott, Dumas y demás novelistas del género histórico. Al efecto también se debe consultar Shoemaker, *Op. cit.* (nota 1 de la Parte I), pp. 217-275. Cf. nota 23.

[17] Véase Philip Hofer, *Op. cit.* (nota 10), pp. 1-2.

[18] Para la contribución del padre y tío de Galdós, véase Berkowitz, *Benito Pérez Galdós, spanish liberal crusader* (nota 10, Parte I), pp. 9-10, 21-22; para la de Mesonero: E. Varela Hervías, *Cartas de Pérez Galdós a Mesonero Romanos*, Madrid, Sección de Cultura e Información, Artes Gráficas Municipales, 1943; también contribuyó Aguilera: «En la Biblioteca del Ateneo viejo, D. Ventura Ruiz Aguilera me hizo un plano de Salamanca que me sirvió para escribir *Arapiles* [*La batalla de Los...*, 1875], pues entonces no conocía yo la citada capital. Después fui varias veces a Salamanca y vi que había acertado en las descripciones que hice en dicha obra, valiéndome del plano que me trazó aquel ilustre poeta» (en Luis Antón del Olmet y Arturo García Carraffa, *Galdós*, Madrid, Imprenta «Alrededor del Mundo», 1912, p. 67). Para mucho más sobre las fuentes escritas de Galdós, véanse R. Cardona, «Apostillas a *Los 'episodios nacionales' de B. P. G.*, de Hans Hinterhäuser», en *Anales galdosianos*, 3 (1968), pp. 122-140, y la nota 39 a continuación.

[19] Cito del artículo de Joseph Schraibman, «Cartas inéditas de Galdós», *Symposium*, 16 (1962), p. 116.

[20] Brian J. Dendle, *Galdós, the mature thought*, Lexington, University Press of Kentucky, 1980.

[21] Véase Hinterhäuser, *Op. cit.* (nota 35, Parte II), pp. 23-54, y Alfred Rodríguez, *An Introduction to the «Episodios naciona-*

les» of *Galdós,* New York, Las Américas Publishing Company, 1967, pp. 11-24.

²² Ferreras, *El triunfo del liberalismo y de la novela histórica (1830-1870),* Madrid, Taurus, 1976, pp. 211-213.

²³ Para una indicación de la importancia relativa en Galdós de la novela histórica nacional a diferencia de la europea (cf. nota 16), véase el ensayo necrológico que don Benito escribe en 1888, «Fernández y González», en *Obras inéditas,* II, *Arte y crítica,* ed. por Alberto Ghiraldo, Madrid, Renacimiento, 1923, pp. 103-116. Galdós dice que el novelista histórico Manuel Fernández y González, «Reinó sin émulos en este género, como en Francia había reinado Dumas, padre, algunos años antes» (pp. 103-104); pone énfasis en el «interés calenturiento» de sus novelas y le separa, sin menoscabo, de «la novela histórica a estilo de Walter Scott» que cultivó «aquí Villoslada con gran éxito» (pp. 103-104). Admite Galdós su afición de pequeño a Fernández y González, y comunica un entusiasmo no extinguido frente a la exhuberancia de su vida y obra.

²⁴ Véase la sección 5 de la Parte II.

²⁵ Esta cita y todas las siguientes de Benavides se encuentran en «Historia de España», *Sem. Pint. Esp.,* 4 (1839), pp. 115-117.

²⁶ *La Fontana de Oro* (1867-1868, 1870) y *El audaz* (1871) narran diversos aspectos de «las luchas entre la tradición y la libertad» en dos momentos históricos de dominación de la primera: 1820 a 1823, y 1804 respectivamente. Los desenlaces de las dos novelas se prestan a una interpretación no muy diferente de esta que damos a *Un faccioso más.* Sin embargo, la decisión de Monsalud implica un grado de pesimismo ausente de *La Fontana* y *El audaz* por referirse directamente a la situación de la España contemporánea de Galdós; al mismo tiempo que afirmo esto, admito la posibilidad de una interpretación de las novelas históricas que refleje un temprano desengaño galdosiano como consecuencia del sesgo que tomaba la política nacional después de los primeros meses de la Revolución de 1868. Véase Montesinos, *Op. cit.* (nota 9, Parte II), pp. 51-74; Joaquín Gimeno Casalduero, «Los dos desenlaces de *La Fontana de Oro:* origen y significado», *Anales galdosianos,* «Anejo» (1976), pp. 55-69; y, William H. Shoemaker, *The novelistic art of Galdós,* II, Chapel Hill, North Carolina, Ediciones Albatros-Hispanófila, 1980, pp. 18-48.

²⁷ Véase Galdós, *O. c.,* 1971 (nota 5, Parte I): I, pp. 643-644, 748-749, 919-920, 1.205, 1.252-1.253, 1.256; II, pp. 246, 261-263, 319, 339-340, 364, 538, 539, 544, 565, 567, 636, 895, 944, 951, 1.127, 1.135; III, pp. 231, 233, 234, 236, 237, 238, 240, 259, 268, 285, 319, 325, 364, 398, 408, 456, 470-471, 472-473, 477, 494, 495, 497, 498, 499, 500, 506, 658, 661, 674, 726, 835-836, 897-899, 913, 923, 1.022, 1.206, 1.210, 1.215, 1.261-1.262; IV, pp. 35-36, 42, 312-315, 487, 489, 492, 493, 514, 521, 547, 555, 564, 581, 588, 602, 613, 625, 628, 662, 671 674, 675, 793, 795, 798, 806, 850. Cf. nota 19, Parte II.

²⁸ Galdós, *O. c.,* II, 1971, p. 785; cf. Galdós, *O. c.,* III, 1971, pp. 565-566.

[29] Véase Goethe, «Consejos de Goethe a los literatos», *Sem. Pint. Esp.*, 3 (1838), p. 609; Mesonero, «La novela», *Sem. Pint. Esp.*, 4 (1839), p. 254; y, Martínez de la Rosa, *Obras completas*, II, París, Baudry, Librería Europa, 1845, pp. 191-192, 423-427. Estos libros, todos, forman parte de la biblioteca de Galdós en la Casa-Museo, y se suman a la tradición europea y nacional que requiere obras creativas basadas en hechos históricos bien conocidos de un pueblo. Véase también Martínez de la Rosa, «¿Cuál es el método o sistema preferible para escribir la historia?», *Revista de Madrid*, 2.ª serie, t. 2 (1839), pp. 531-539 (basado en un discurso de Martínez en la Sección de Literatura del Ateneo de Madrid).

[30] Véase Gilman, *Op. cit.* (nota 15, Parte II), pp. 50-51; Hinterhäuser, *Op. cit.* (nota 35, Parte II), pp. 33-34. A estos datos hay que añadir la fascinación galdosiana por los barcos y el mar. Donde trabajo en Casa Galdós —en el comedor— hay tres pequeños óleos de Galdós: dos de barcos, uno del mar sólo; además en Casa Galdós existe una colección de hasta veinte barcos dibujados a lápiz, en papel de barba, por Galdós.

[31] Shoemaker, *Los prólogos de Galdós* (nota 16, Parte I), p. 52. Para la discusión de Hinterhäuser de la «inspiración pictórica» de los *Episodios*, véase *Op. cit.*, pp. 79-88. También es interesante consultar a Carmen Bravo-Villasante, *Galdós visto por sí mismo*, 2.ª ed., E.M.E.S.A., 1976, pp. 139-143.

[32] Dada la importancia de los acontecimientos de marzo de 1808 en Aranjuez en esta serie de grabados, es interesante notar que según una hoja en 8.º de propaganda para la primera serie de *Episodios*, que da los títulos de los diez episodios, el tercer título de la serie era *El motín de Aranjuez* en lugar del título final, *El 19 de marzo y el 2 de mayo*. Esta hoja se publicó entre la primera y segunda novela de la serie; dice la hoja: «Se ha publicado la primera y está en prensa la segunda» (Casa-Museo Pérez Galdós; referencia: Caja 24 [apuntes]).

[33] Para un ejemplo de esto, el episodio *Juan Martín, el Empecinado* se relaciona muy bien con un estudio titulado «Las guerrillas españolas», que incluyen una consideración de los «empecinados» y otras guerrillas del período narrado en los *Episodios (Sem. Pint. Esp.*, 7 [1842], pp. 163-167, 173-175). Interesa además el artículo dedicado al Dos de Mayo y a Daoiz y Velarde en *Sem. Pint. Esp.*, 2 (1837), pp. 127-130. A todo esto hay que añadir que en Casa Galdós existen once álbumes de grabados cortados y coleccionados por don Benito (referencia: IX-39, 40, 756-766). Se trata de retratos, escenas costumbristas, históricas, naturales, etc. Galdós quería ser fiel en sus obras y suplía la observación propia con la ajena (cf. nota 58, Parte II). Finalmente, es de notar que Galdós pensó en titular un episodio de la primera serie *Talavera*: véase Brian Dendle, «A note on the genesis of the *Episodios nacionales*», en *Anales galdosianos*, 15 (1980), pp. 137-140.

[34] La colaboración informativa de Mesonero en la obra galdosiana data de la composición de *Zaragoza* (1874), pero se

nota sobre todo en la segunda serie de *Episodios*. Es posible que esta colaboración produjera una apreciación más exacta en Galdós de la continuidad de los tipos y usos españoles en el siglo XIX; quizá, pues, esto explica en parte las diferencias en este respecto entre «Observaciones» y el epílogo de 1885. Véase las cartas de Mesonero a Galdós en Soledad Ortega, *Op. cit.* (nota 4, Parte II), pp. 21-36, y nota 18 de esta parte para tener idea de cómo un escritor nacional ayudaba al otro; también Hinterhäuser, *Op. cit.*, pp. 66-71.

[35] Para una idea de las limitaciones del concepto de «tesis» aplicado a *Doña Perfecta* explícitamente, y a las otras tres novelas implícitamente, véase el magnífico estudio de Rodolfo Cardona, «Introduction», a *Doña Perfecta*, New York, Dell Publishing Co., 1965, pp. 11-30. Al mismo tiempo hay que recordar que Galdós, Pereda, Giner de los Ríos, Leopoldo Alas, Urbano González Serrano, etc., consideraron estas novelas como obras de tesis, o más exactamente como «obras tendenciosas». Sirva de muestra los juicios opuestos de Pereda y Alas sobre el «género»: Soledad Ortega, *Op. cit.*, pp. 49-50, 52-58; *Solos de Clarín* (nota 67, Parte II), pp. 201-205.

[36] Para estudios magistrales de la influencia de Goethe, Hugo y Comte en *Marianela* (no en todo Galdós), véase Walter T. Pattison, *Galdós and the creative process* (nota 11), pp. 114-136, y Joaquín Casalduero, *Vida y obra de Galdós* (nota 20, Parte I), pp. 193-213. Para esta clase de información con respecto a *Gloria*, véase Pattison, *Benito Pérez Galdós, etapas preliminares de «Gloria»* (nota 11), pp. 18-113. Estos estudios demuestran el Galdós europeo, pero no afectan a la tesis de este libro. La visión que da forma al mundo de Galdós es española en lo fundamental.

[37] Para apreciar el gran concepto que Galdós tenía de Prim como baluarte del liberalismo español, véase el episodio *España trágica* (1909) que explica el papel de éste según Galdós.

[38] Germán Bleiberg, ed., *Diccionario de historia de España*, I, 2.ª ed., Madrid, Revista de Occidente, 1969, p. 968.

[39] En Casa Galdós existen, por ejemplo: 52 cartas de un tal H. Mendineta a un señor Villavicencio, fechadas en Lorca, Aguilar y Cádiz entre el 14 de febrero de 1809 y el 22 de enero de 1810; muchas cartas llevan subrayados en lápiz que deben ser de Galdós. También es interesante una obra manuscrita titulada «Relación circunstanciada de los grandes sucesos ocurridos en España escrita por un Sacerdote, testigo de vista hasta el 20 de septiembre de 1808 por José de Montealegre. Dispongo sólo de la referencia correspondiente al segundo manuscrito: Casa-Museo Pérez Galdós, Caja 11, Carpeta 1.

[40] Giner de los Ríos, «Sobre *La familia de León Roch*», en *Ensayos*, 2.ª ed., ed. por Juan López-Morillas, Madrid, Alianza, 1973, p. 72. Véanse también las críticas de «Clarín» de las primeras dos partes de *León Roch* en Leopoldo Alas, *Solos de Clarín*, Madrid, Alianza, 1971, pp. 200-209, 310-315.

[41] Véase el fino análisis de Alas, *Solos*, p. 203, sobre este punto.

[42] *Ibid.*, p. 311.

[43] El profesor Rodney Rodríguez, en su ponencia «Cosca Vayo y la novela española en transición» durante el ya citado coloquio sobre la narrativa española del siglo XIX (nota 23, Parte II), estudia los prólogos que Estanislao de Cosca Vayo escribe para varias de sus novelas históricas de las décadas de los 20 y 30 del siglo pasado; parece que Cosca quería también dar más lugar a las costumbres contemporáneas españolas en la novela, pero sin poder hacerlo.

PARTE III-2 (pp. 95-118)

[1] Recuérdese la anécdota —o quizá experiencia propia— de unos años atrás: la mujer del pueblo que dijo que no votaría por «ese hombre sin corbata»; se trataba, claro está, de Felipe González, quien, a propósito de tales experiencias, «aprendió a ponerse la corbata». Hoy es presidente del gobierno.

[2] Los que condenan a Galdós por ser «escritor burgués» (por ejemplo, Antonio Regalado García, *Benito Pérez Galdós y la novela histórica española: 1868-1912*, Madrid, Insula, 1966) no comprenden bien, en mi opinión, la creciente apreciación galdosiana de la diferencia entre la clase media y la burguesía. En sus novelas y comedias don Benito nunca acepta la burguesía como factor positivo en la vida nacional; se hablará más de esto a continuación.

[3] Monsalud tiene cuarenta y dos años en 1834 ya que tiene veintiuno en *El equipaje del rey José* (*O. c.*, I, 1971, p. 1.192).

[4] A este efecto considérense estas ideas que Galdós incluye al final de *Un faccioso más;* hablando en voz propia como autor de las «10.000 [cuartillas] de que constan los *Episodios Nacionales*»: «Si algún bienintencionado... quiere continuarlos, hechos históricos y curiosidades políticas y sociales en gran número tiene a su disposición. Pero los personajes novelescos... los guardo... y los conservaré para casta de tipos contemporáneos» (xxxi; 786).

[5] Véase el episodio *Cánovas* (1912). Refiriéndose al gobierno provisional que formó Cánovas en los últimos días de 1874, el narrador Tito Liviano habla de la rapidez con la que aquél podía formarlo: «Poco después, *maese* Cánovas, como quien cambia los títeres de un retablo, compuso en esta forma el llamado Ministerio Regencia» (*O. c.*, IV, 1971, p. 794).

[6] Para la justificación de esta afirmación, véase *León Roch* (I, viii; 779-781), fijándose en las últimas palabras de la abuela beata, agarrada al brazo del cura, «riendo con estupidez delirante», gritando: «Al baile... ¡Señor cura, vamos al baile!» (781).

[7] Robert Ricard, «La classification des romans de Galdós», en *Galdós et ses romans*, 2.ª ed., Paris, Centre de Recherches de l'Institut d'Etudes Hispaniques, 1968, pp. 11-19.

8 Para esta información me sirvo de la edición de 1896 de *Doña Perfecta*, drama en cuatro actos, Madrid, Est. tip. La Guirnalda; el anuncio editorial figura en el verso de la anteportada.

9 Galdós, *Misericordia*, Madrid, Est. Tip. de la viuda e hijos de Tello, 1897.

10 Casalduero, *Op. cit.* (nota 20, Parte I), p. 43.

11 M[anuel] B[artolomé] C[ossío], «Galdós y Giner, una carta de Galdós», en *La lectura*, 1 (1920), p. 257. Véase también la carta de Galdós a Pereda, referente a este tema, en Bravo Villasante, *Op. cit.* (nota 4, Parte II), pp. 32-33. Con respecto a las maneras o períodos de la obra galdosiana, veo que Leopoldo Alas (en «Clarín», *Sermón perdido*, Madrid, Fernando Fe, 1885, p. 58) se refiere a *Tormento* como «el *episodio*» que sigue a *El doctor Centeno*, y que dos años después (en «Clarín», *Nueva campaña* [1885-1886], Madrid, Fernando Fe, 1887, pp. 112, 115) juzga *La de Bringas* como «*episodio nacional contemporáneo*» y *Lo prohibido* como «un episodio más de [la] historia» de «nuestro cuerpo social». Esta manera de agrupar las obras de Galdós apunta a la unidad de propósito temático de los *Episodios* y las novelas contemporáneas: en palabras de «Clarín», Galdós en su creación literaria «estudia y pinta la sociedad española por dentro».

12 La siguiente novela galdosiana, *El amigo Manso*, tiene el mismo formato que *La desheredada*, pero con *El doctor Centeno* Galdós, y su socio editorial Miguel Honorio de Cámara y Cruz, decide volver a los tomos en 8.º, impresos en papel barato. El profesor Jean Le Bouille, en una ponencia titulada «Las obras rurales de Pereda y sus públicos», pronunciada durante el coloquio internacional mencionado en la nota 24 de la Parte II, explica algo importantísimo, pero casi incomprensible para nosotros hoy. Los *Episodios* y novelas de «tesis» tenían mucho más público que las novelas contemporáneas publicadas a partir de 1881. En 1907 de *Doña Perfecta* se habían tirado 36.000 ejemplares, y de un episodio cualquiera —*El 19 de marzo y el 2 de mayo*, por ejemplo—, 44.000. En cambio, en 1909 sólo se han publicado 16.000 ejemplares de *La desheredada*, y en 1916-1917 sólo 12.000 de *Fortunata y Jacinta* (me baso en Manuel Hernández Suárez, *Op. cit.* en la nota 3 de la Parte III-1 para estas cifras). Parece que el proyecto novelesco-editorial iniciado en 1881 tuvo más éxito artístico que comercial, y que la vuelta a las ediciones en 8.º refleja este hecho. Para datos sobre Galdós editor véase: Berkowitz, Pattison y Madariaga (nota 1, Parte II); también existe una tesis de la profesora Isabel García Bolta, dirigida por don Sebastián de la Nuez de la Universidad de La Laguna, sobre las actividades editoriales de Galdós.

13 Cito de la primera edición de Madrid, La Guirnalda, s.a.

14 Para más sobre las técnicas de Galdós: Ricardo Gullón, *Técnicas de Galdós*, Madrid, Taurus, 1970, y, del mismo autor, *Psicologías del autor y lógicas del personaje*, Madrid, Taurus, 1979; también es interesante el libro de Jeremy T. Medina, *Spa-

nish realism: the theory and practice of a concept in the nineteenth century, Potomac, Maryland, José Porrúa Turanzas, North American Division, 1979.

[15] Véase Casalduero, *Vida y obra de Galdós* (nota 12, Parte II), pp. 63-84; Walter T. Pattison, *El naturalismo español,* Madrid, Gredos, 1965, pp. 90-98; Eamonn Rogers, «Galdós' *La desheredada* and naturalism», *Bulletin of Hispanic Studies,* 45 (1968), pp. 285-298; y, Luis López Jiménez, *El naturalismo y España, Valera frente a Zola,* Madrid, Alhambra, 1977, pp. 19-27. Sin embargo, como se explica en la nota 68 de la Parte II, puede ser una equivocación tomar *demasiado* en serio el supuesto naturalismo galdosiano. La ya mencionada reseña de «Clarín» sobre *Tormento* (nota 11), en el ejemplar de Galdós en la Casa-Museo Pérez Galdós, es muy interesante en este contexto: evidencia muchos subrayados que aparecen, modificados ligeramente, en el prólogo que Galdós pone a la edición de 1901 de *La Regenta* del propio «Clarín» (*Ensayos,* pp. 211-222). Finalmente, Aguilera aparece otra vez. Sin analizar otro proverbio suyo titulado «Quien con lobos anda, a aullar se enseña» (de noviembre de 1861, *Proverbios ejemplares, II,* pp. 225-255), narra la subida, la caída y la ruina del sastre Antonio Esperanza; a pesar de los esfuerzos de su mujer Antonio cae bajo la influencia del zapatero remendón borracho Melitón y sus amigos en la «antigua taberna *del Gallo*». Como el Mes Bottes y Lantier de *La taberna* de Zola, Melitón sobrevive al desgraciado Antonio/Coupeau, muerto en un asilo «entre las horrorosas convulsiones del delirium tremens»; y, para colmo, Melitón lo critica en la taberna como «borrachín de lo fino, capaz de enviciar a un santo». ¿Leyó Zola a Ruiz Aguilera?

[16] Para la fecha y contenido del proverbio aguileriano, véase la nota 15.

[17] Sobre el balance estético en estas materias desde el punto de vista español, véanse las opiniones de Aguilera, Mesonero y Alas en las secciones de la Parte II que corresponden a las notas 48 y 67.

[18] Yo estudié el *theatrum mundi* en Galdós por primera vez en una ponencia titulada «Role-playing and world theater in Galdós» (nota 24, Parte II). Lo que digo a continuación es esencialmente una nueva redacción de esta ponencia. El título de la misma iba a ser el tema de una sesión especial sobre Galdós en la reunión anual de la Modern Language Association en Nueva York (1980), organizada por la profesora Sara Schyfter, pero la sesión no se realizó. Desde entonces el tema ha llegado a ser de actualidad entre galdosistas. El *Boletín de la Asociación Internacional de Galdosistas* (año 3, núm. 1, primavera, 1982, p. 5) anuncia las siguientes reuniones y temas relacionados con el *theatrum mundi* en Galdós. La Northeast Modern Language Association (Hunter College, Nueva York, 3-5 de abril, 1982) dio lugar a una sesión organizada por Rodolfo Cardona titulada «Theatre and theatricality in the works of Pérez Galdós», con ponencias por los profesores Martha Krow-Lucal, Stanley Finkenthal y De-

nah Lida. La Mountain Interstate Foreign Language Conference
(Wake Forest University, Winston-Salem, North Carolina, 7-9 de
octubre, 1982) ofreció una sesión titulada «Teatro y sociedad en
el siglo XIX», dirigida por Pierre Ullman, que iba a participar
en la sesión cancelada de Nueva York. De especial interés en esta
reunión eran las siguientes ponencias: «More thoughts on the
dramatized passages in Galdós' novels, 1881-1884», por Peter A.
Bly, «Social and private life as 'teatro' in Galdós' *novelas españolas contemporáneas*», por William R. Risley, y mi «*Realidad* (a
novel in five acts): Galdós abandons the madrilenian *theatrum
mundi*». También hay que tener en cuenta el libro de Roberto
G. Sánchez, *El teatro en la novela: Galdós y Clarín*, Madrid, Insula, 1974, y los siguientes estudios: Manuel Alvar, «Novela y teatro en Galdós», en *Estudios y ensayos de literatura contemporánea*, Madrid, Gredos, 1971, pp. 52-110, y Jorge Campos, «Nota
sobre dos capítulos de *La desheredada*», en *Estudios escénicos*,
núm. 18 (1974), pp. 165-172.

¹⁹ Véase Gilman, *Op. cit.* (nota 15, Parte II), p. 108 para una
interpretación muy exacta del valor simbólico de *La desheredada* con respecto a la situación histórica y política; a juzgar por
una hoja de propaganda publicada por la editorial, también debe
ser interesante en este respecto un libro que no he podido consultar: Peter A. Bly, *Galdós's novel of the historical imagination,
a study of the contemporary novels*, Liverpool, Francis Cairns-
Liverpool Monographs in Hispanic Studies, 1983. Se volverá a
este tipo de simbolismo en la Parte III-3.

²⁰ Para otro punto de vista sobre el «Yo no existo» de Manso,
véase el magnífico artículo de John W. Kronik, «*El amigo Manso*
and the game of fictive autonomy», en *Anales galdosianos*, 12
(1977), pp. 71-94; la interpretación del profesor Kronik es mucho
más representativa de la opinión general de los críticos que la
mía. Para otro análisis más cercano al mío, véase el fino estudio
de Harriet S. Turner, «The control of confusion and clarity in
El amigo Manso», en *Anales galdosianos*, 15 (1980), pp. 45-61.

²¹ Para un estudio de *El doctor Centeno* como *Bildungsroman*,
véase Rodolfo Cardona, «Nuevos enfoques críticos con referencia
a la obra de Galdós», en *Cuadernos hispanoamericanos*, números 250-252 (1970-1971), pp. 58-72; se trata de la educación social de
Felipe en las pp. 67-71.

²² Muy representativo de la crítica de esta novela es Ricardo
Gullón, *Galdós, novelista moderno*, pp. 77-87. Para una vista crítica panorámica y, al mismo tiempo, original, véase Peter A. Bly,
Benito Pérez Galdós: «La de Bringas», London, Grant & Cutler,
1981.

²³ Se hablará de *Tristana* con detenimiento en la sección 2 de
Parte III-3.

²⁴ Espero poder publicar en un futuro próximo un artículo
que explique esta interpretación de *La de Bringas*. Para mí la
complicación de la novela es el papel equívoco del narrador cuyo

reportaje de lo que pasa a Rosalía no es o «dista mucho de ser» objetivo por razón de sus relaciones íntimas con ella.

[25] Villasante, *Op. cit.* (nota 4, Parte II), p. 35.

[26] Para información sobre la importancia económica de los vinos en esta época, véase José María Jover Zamora, «Edad contemporánea», en *Introducción a la historia de España*, Barcelona, Editorial Teide, 1972, p. 708.

[27] Para más detalles de esta interpretación, véase mi ensayo «Villaamil's suicide: action, character and motivation in *Miau*», *Anales galdosianos*, 14 (1979), pp. 83-96.

[28] Véase, por ejemplo, Stephen Gilman, «The birth of Fortunata», *Anales galdosianos*, 1 (1966), pp. 71-83; en el caso de *Fortunata y Jacinta*, Gilman ha llegado a simbolizar al crítico que no tiene en cuenta el contexto social de la literatura. La contestación al citado artículo, por Carlos Blanco-Aguinaga, «On 'The birth of Fortunata'», *Anales galdosianos*, 3 (1968), pp. 13-24, representa el punto de vista opuesto. A pesar de Blanco, Gilman continúa, en este particular, con su interpretación en *Galdós y el arte de la novela europea*. Un artículo de John W. Kronik, «Galdosian reflections: Feijoo and the fabrication of Fortunata», *MLN*, 97 (1982), pp. 272-310, acepta un pluralismo crítico que podría servir como punto de partida para una investigación más detallada del problema de los méritos respectivos de la crítica intrínseca y extrínseca de la literatura, y de su integración.

[29] Sobre la misión socio-histórica de la clase media desde otro punto de vista, véase Eduardo Urbina, «Mesías y redentores: constante estructural y motivo temático en *Fortunata y Jacinta*», *Bulletin hispanique*, 83 (1981), pp. 379-398. Para más sobre el método y la práctica de interpretación simbólica implícita en esta afirmación, véase la nota 19.

[30] Gilman parte de una visión semejante de Fortunata, en las obras citadas en la nota 28, para concluir que Galdós, en *Fortunata y Jacinta*, crea su personaje culminante, y su obra maestra: véase especialmente las pp. 327-334 de *Galdós y el arte de la novela europea*.

[31] Véase, por ejemplo: Gonzalo Sobejano, «Forma literaria y sensibilidad social en *La incógnita* y *Realidad* de Galdós», en *Forma literaria y sensibilidad social*, Madrid, Gredos, 1967, pp. 67-104; y Ricardo Gullón, «Introducción», a *La incógnita*, Madrid, Taurus, 1976, especialmente pp. 32-33.

[32] Véase mi artículo «In search of *La incógnita*», *La Chispa '81: selected proceedings*, New Orleans, Tulane University, pp. 219-227.

[33] El padrino de Infante, Cisneros, se franquea en ciertos momentos con su ahijado, pero cuando se trata de algo importante —las circunstancias de la muerte de Viera y la posible complicación de su hija Augusta en el asunto— se porta como todos.

[34] Estrictamente hablando Viera no es burgués, sino miembro de la aristocracia en ruinas; su suicidio, como el de Rafael

del Aguila en *Torquemada en el purgatorio*, representa su rechazo de un papel no noble en la sociedad burguesa.

PARTE III-3 (pp. 119-143)

[1] Para una lista de los escritos incluidos en las dos colecciones, véase la sección 3 de la Parte III-2.

[2] Casalduero, *Vida y obra de Galdós* (nota 20, Parte I), pp. 44-45, 87-177.

[3] Este tema de las alianzas entre la clase media adinerada y la vieja nobleza arruinada tiene un lugar importante en *León Roch;* los marqueses de Tellería se ceban en el dinero de su nuevo yerno, y su hijo Gustavo y el libertino Cimarra buscan a mujeres ricas con quienes casarse. En Aguilera el tema llega a ser el argumento principal del proverbio que narra el intento del tronado barón de la Esperanza de casarse con la hija del rico comerciante don Pablo No: «Mi marido es tamborilero, Dios me lo dio y así me lo quiero» en *Proverbios cómicos* (nota 2, Parte III-1), pp. 109-148; se publicó por primera vez en abril de 1865.

[4] Se trata principalmente de la influencia de Tolstoy (por el «misticismo» de Nazarín) y Cervantes (por ser el Nazarín de *Halma* personaje, como el Quijote de la segunda parte, que se sabe protagonista de una novela que lleva su nombre como título). Véase G. Portnoff, *La literatura rusa en España*, New York, Instituto de las Españas, 1932, pp. 172-205; Gustavo Correa, *Realidad, ficción y símbolo en las novelas de Pérez Galdós*, Bogotá, Instituto Caro y Cuervo, 1967, pp. 190-191. También de interés es el artículo del profesor Ciriaco Morón Arroyo, «Nazarín y *Halma:* sentido y unidad», *Anales galdosianos*, 2 (1967), pp. 67-81, donde se estudia la relación entre las novelas y *La vida de Jesús* (1863) de Renan (1823-1892). Julian Palley analiza «Nazarín y *El idiota*», en *Insula*, núm. 258 (1968), p. 3.

[5] *Misericordia* es una obra maestra de cuyas particularidades no podemos hablar aquí. Se recomiendan al lector los siguientes estudios: Germán Gullón, «*Misericordia:* un milagro 'realista'», *Letras de Deusto*, núm. 8 (1974), pp. 171-185; John W. Kronik, «*Misericordia* as metafiction», *Homenaje a Antonio Sánchez Barbudo*, ed. por B. Brancoforte, Madison, University of Wisconsin Press, 1981, pp. 37-50; y, Thomas R. Franz, *Remaking reality in Galdós, a writer's interactions with his context*, Athens, Ohio, Strathmore Press, 1892, pp. 5-25.

[6] La excepción es *La fiera* cuya acción tiene lugar en 1822 en la Seo de Urgel de la regencia absolutista. Desde la perspectiva del presente libro las comedias *Realidad* (15-III-1892), *Gerona* (3-II-1893), *Doña Perfecta* (28-I-1896), *El abuelo* (14-II-1904) y *Zaragoza* (1907) ofrecen poca novedad con respecto a las novelas, de las cuales son versiones adaptadas a teatro, o con respecto a nuestro enfoque. Por consiguiente no se hablará de ellas.

178   STEPHEN MILLER

⁷ Véanse las referencias de la nota 19 de la Parte III-2; a
continuación se habla de las obras propiamente simbólicas de
Galdós, y en la conclusión se atiende a la relación entre estas
obras y las estudiadas por Gilman y Bly. Cf. la nota 9 a continuación.

⁸ Galdós, *O. c.*, VI, 1968, p. 701.

⁹ Gustavo Correa, *Op. cit.* (nota 4), ha tratado de un aspecto
simbólico de la obra galdosiana que no contradice en absoluto
el presente estudio, y de hecho lo complementa. Traza la presencia de dos clases de símbolos —los mitológicos y los religiosos— a lo largo de la producción de Galdós. Estos constituyen
un factor importante en la creación estética que tiene como base
la imitación de la realidad social. Permiten que la recreación artística de la realidad cobre un valor trascendental, relacionando
el mundo de la experiencia diaria con estructuras de significación e interpretación religiosa o mítica. Para más sobre este
tipo de simbolismo, véase Correa, *El simbolismo religioso en las
novelas de Pérez Galdós*, Madrid, Gredos, 1974, pp. 12-34. Las dos
estéticas simbólicas que se estudian en el presente libro son
simbólicas a un nivel menos completas que los simbolismos
religioso y mitológico que ocupan a Correa; él, por medio de
ellos, puede abarcar obras tan diferentes como *Doña Perfecta,
Fortunata y Jacinta, Angel Guerra, Misericordia y Casandra*. Pero,
mientras Correa identifica un poderoso elemento de continuidad
en la obra galdosiana, nuestro intento es descubrir los elementos
característicos de las fases diferentes de esa obra, y este intento
encuentra su justificación en los escritos críticos de Galdós y
en las obras creativas mismas. Cf. la nota 28 a continuación.

En una carta a Galdós (Ortega, *Op. cit.* [nota 4, Parte II],
p. 267), Leopoldo Alas dice que *La loca de la casa*, que gozó de
menos suerte pública que *La de San Quintín*, es mejor obra.
Creo que «Clarín», que vivía en Oviedo, habló como juez de textos escritos y no de representaciones teatrales. Como críticos galdosianos en 1982, tenemos una dificultad enorme para hablar del
teatro de don Benito, una dificultad que él reconoció bien: una
parte importantísima de una obra dramática es su posibilidad
de vivir en la escena. Recuérdese la anécdota al principio del
prólogo de *Los condenados;* Galdós menciona la «brusca sacu-
dida» que le transportó «del ensueño» antes de la representación
a «la realidad» de su fracaso durante la misma y después en las
reseñas periodísticas. Sobre este punto véase el ensayo de Gonzalo Torrente Ballester, «¿Qué es lo teatral?», en su *Teatro español contemporáneo*, 2.ª ed., Madrid, Ediciones Guadarrama, 1968,
pp. 80-82.

¹⁰ Para esta información me baso en mi consulta de la colección de crítica teatral periodística madrileña conservada en la
Casa-Museo Pérez Galdós (referencia: Caja 12). Galdós estuvo
suscrito a los servicios de la compañía Recortes Periodísticos entre el 13 de marzo de 1892 y el 12 de enero de 1897, a un coste
de cinco pesetas al mes. También él, o su familia, tenía una co-

lección casera de recortes de la prensa madrileña y de provincias; se centra alrededor del teatro galdosiano entre el estreno de *Electra* (30-I-1901) y *Santa Juana de Castilla* (8-V-1918) [referencia: XII-1], pero incluye críticas de otras obras, entre ellas la notable reseña anónima de *La de San Quintín*. Esta se publicó el 2 de marzo de 1894 en la primera plana de *El Socialismo*. Hablaremos mucho de esta reseña a continuación.

[11] Aunque Galdós era diputado liberal, su acta era la consecuencia de un arreglo y no de una elección dentro del contexto del «turno pacífico» entre Cánovas y Sagasta —situación típica de la política española de la época, que provoca tanta crítica en los *Episodios* de la quinta serie. Recordando que Galdós era diputado por Puerto Rico— país que no llegó a conocer, es probable que se autorretrate parcialmente en el Manolo Infante de *La incógnita*, y que se sienta avergonzado de su colaboración en la farsa política que condena siempre en su obra.

[12] En Galdós América llega a cobrar un valor tremendo como antídoto a los males de España. En *La Esfera* del 17 de enero de 1914, por ejemplo, aparece un artículo corto de Galdós titulado «España y América»; dice que «la civilización conquistada con sangre y laureles de guerra... ahora... nos conquista trayéndonos laureles más preciosos: el bienestar, la cultura y la paz» (p. 77) [referencia en Casa Galdós: XII-1].

[13] Puede interesar al lector saber que durante las treinta noches de la representación de *La de San Quintín* llegaron a producirse tres parodias de la obra: *La del capotín o con las manos en la masa, La de Don Sin Din,* y *La de vámonos*. Con *Realidad* y *Electra, La de San Quintín* es uno de los grandes triunfos *teatrales* de Galdós; le valió una de sus tres coronas de plata (obsequio de la empresa). Me baso para esta información en los recortes citados en la nota 10 y en la colección de coronas en Casa Galdós.

[14] Véase la nota 11, y mi presentación de *La incógnita* en la sección 4 de la Parte III-2.

[15] Se hablará en la conclusión de la presencia de elementos característicos de una estética en obras formadas globalmente por otra.

[16] Véase Hernández Suárez, *Op. cit.* (nota 3, Parte III-1), pp. 40-42, para información sobre el número de ejemplares y años de publicación de ediciones de *Doña Perfecta;* cf. nota 12, Parte III-2.

[17] Para información sobre el activismo político del Galdós de este período, labor que complementa su trabajo socio-literario, es imprescindible el libro de Víctor Fuentes, *Galdós demócrata y republicano (escritos y discursos 1907-1913)*, Las Palmas, Cabildo Insular de Gran Canaria y Universidad de La Laguna, 1982. Véase también Berkowitz, *Op. cit.* (nota 10, Parte I), pp. 383-408, el capítulo xvii titulado «Republican interlude».

[18] Galdós, *O. c.*, VI, 1968, p. 701.

[19] *Ibid.,* pp. 903-904; las citas del prólogo a continuación son de estas páginas.

[20] *Ibid.,* pp. 903, 909.

[21] Casalduero, *Op. cit.* (nota 12, Parte II), pp. 160-161; Dendle, *Op. cit.* (nota 20, Parte III-1), pp. 3-4. Como verá el lector de *Galdós, the mature thought,* el profesor Dendle intenta descifrar el simbolismo histórico de las acciones y personajes de todas las novelas de las últimas tres series de *Episodios.* Complementa los estudios de Correa, Gilman y Bly (véase la nota 9 de esta parte, y la nota 19 de la Parte III-2), sin apuntar al concepto global del simbolismo que llega a constituir la base de las dos estéticas simbólicas galdosianas estudiadas aquí. Se hablará más de lo simbólico en Galdós en la conclusión.

[22] Cf. nota 5, Parte III-2.

[23] Todavía en 1914 Galdós decía que pensaba terminar la serie. Según sus declaraciones en una entrevista del 17 de enero, concedida a «El Caballero Audaz» en *La Esfera:* «Me faltan tres [sic] episodios, que serán *Sagasta, Cuba* y *Alfonso XIII...* Tengo el propósito, para hacer el segundo, de irme a la isla de Cuba a pasar allí dos meses para documentarme bien». En esta entrevista habla de su vista, factor contribuyente quizá en no realizar su propósito: «Perdí por completo la luz del ojo derecho y con el izquierdo veo algo, pero muy confuso» (véase la nota 12). No hay poca confusión en los últimos años de Galdós. Sin embargo, las referencias a soluciones violentas para los problemas nacionales en *Casandra* y en la carta de Mariclío, se quedan casi canceladas, como hemos visto, en *Celia en los infiernos* y, de otra manera, en *La razón de la sinrazón;* Galdós vacila, pero permanece fiel a la premisa fundamental de su labor socio-literaria: ofrecer al público su visión de la sociedad para que la misma sociedad se contemple, y acaso se reforme.

[24] Por consiguiente es desagradable repasar los últimos destellos de su prodigioso ingenio. *Alceste* (1914), *Sor Simona* (1915), *El tacaño Salomón* (1916) y *Santa Juana de Castilla* (1918) son la producción de un hombre que no domina su creación, que se repite o que intenta innovaciones para las cuales no le llegan ya sus fuerzas debilitadas. Estas comedias vacilan entre el primero y el segundo simbolismo, pero aportan poco a nuestra comprensión de la evolución creativa del pensamiento socio-literario de su autor.

[25] Me refiero al debate sobre la relación entre los puntos de vista respectivos del autor y de sus personajes. Como explico en la introducción, *El mundo de Galdós* es un intento de comprender la obra entera, basándonos en los elementos de continuación y las innovaciones que se descubren al repasar la obra entera. A diferencia de la interpretación de una novela, o de un grupo pequeño de novelas o artículos críticos, nuestro estudio se justifica al buscar el sentido de la obra completa; y a este nivel de análisis se revelan los puntos de coincidencia y de divergencia entre el autor y sus personajes. En esto, aunque de una

manera metodológica no ortodoxa, me han ayudado los ejemplos de dos críticos franceses un tanto postergados por Roland Barthes, Jacques Derrida, etc.; guiado por los escritos críticos de Galdós, en lugar de las teorías de Marx o Freud, he intentado descubrir «un champ de forces sous-jacent à l'oeuvre» de Galdós. Véanse Lucien Goldmann, *Le Dieu caché,* Paris, Gallimard, 1959, y Charles Mauron, *L'inconscient dans l'oeuvre et la vie de Racine,* Paris, Librairie José Corti, 1969; la cita en francés es de Mauron, p. 19.

[26] Para la posición de *El caballero encantado* en la opinión de la crítica, véase Julio Rodríguez-Puértolas, «Introducción», a su edición de *El caballero encantado,* Madrid, Cátedra, 1977, pp. 27-29; para la reevaluación de la novela por Puértolas: pp. 29-70. También de interés, aunque desde otro punto de vista, es el estudio por Francisco Ynduráin: «Sobre *El caballero encantado*», en *Actas del Primer Congreso Internacional de Estudios Galdosianos,* ed. por Alfonso Armas Ayala, Las Palmas, Cabildo Insular de Gran Canaria, 1977, pp. 336-350.

[27] Para un ejemplo de una interpretación de este tipo, véase el estudio de Puértolas citado en la nota 26.

[28] Véase el prefacio de 1913 a la edición Nelson de *Misericordia (Ensayos,* pp. 223-226). Galdós habla «de emplear largos meses en observaciones y estudios directos del natural» para poder describir la pobretería que puebla las páginas de *Misericordia* (223). Y, afirma no sólo esta continuidad del método socio-mimético, sino añade que el «tipo de *señá Benina...* procede de la documentación laboriosa que reuní para componer... *Fortunata y Jacinta*» (224). Otros personajes de *Misericordia* tienen esta misma relación con *Fortunata,* o con «*El amigo Manso, Miau, los Torquemadas,* etc.» (224-225). Como hemos dicho, al identificar varias estéticas galdosianas no creemos excluir la presencia de técnicas propias de una u otra ingeridas en el contexto de una tercera. Cf. la nota 9.

CONCLUSIÓN (pp. 145-150)

[1] Ortega, *Obras completas,* III, 6.ª ed., Madrid, Revista de Occidente, 1963, p. 358. Véase Ciriaco M. Arroyo, «Galdós y Ortega y Gasset: historia de un silencio», en *Anales Galdosianos,* 1 (1966), pp. 143-150, para una explicación del «silencio» de Ortega respecto a Galdós; en el fondo se trata de una diferencia de opinión sobre cómo hacer literatura.

[2] Benet, *Op. cit.* (nota 13, Parte II), p. 13; las citas de Benet a continuación son de las páginas 13 y 15. Para apreciar mejor el clima estético que sirve de fondo a las ideas de Benet y, como veremos, de Torrente y Umbral, son interesantes los siguientes artículos: Juan Goytisolo, «Para una literatura nacional popular», *Insula,* núm. 146 (1959), pp. 6, 11; Guillermo de Torre,

«Los puntos sobre algunas 'íes' novelísticas (Réplica a Juan Goytisolo)», *Insula*, núm. 150 (1959), pp. 1-2; y, José Corrales Egea, «Entrando en liza, cinco apostillas a una réplica», *Insula*, núms. 152-153 (1959), pp. 26-27.

) ³ Torrente, *Op. cit.* (nota 13, Parte II), p. 12; las citas de Torrente a continuación son de la página 12.

⁴ Como es de esperar, Torrente tampoco acepta la inclusión de la historia del comercio madrileño en *Fortunata y Jacinta*: Torrente, *Op. cit.*, p. 11. Cf. nota 23, Parte III-2, y la sección correspondiente del texto.

⁵ Véase Germán Gullón, «La imaginación galdosiana: su funcionamiento y posible clasificación», *Actas del Segundo Congreso Internacional de Estudios Galdosianos*, I, Las Palmas, Ediciones del Excmo. Cabildo Insular de Gran Canaria, p. 158; las citas de este artículo a continuación son de las páginas 165 y 167.

Puede ser interesante comparar lo que dice G. Gullón de la imaginación con las ideas de Antonio Alcalá Galiano (1789-1865) tocantes a la materia:

> Los caracteres pueden ser de tres clases: retratos, abstracciones, o creaciones originales; retratos cuando representan un personaje histórico conocido, o individuos de una clase de cierta época o nación; abstracciones cuando pintan todas las propiedades de ciertas virtudes, faltas o vicios personificados en un sujeto; y creaciones originales cuando describen y dan ser a personajes de especie nueva y singular, hijos de la inventiva imaginación del poeta. Para aclarar estas distinciones con ejemplos diremos que el Nerón de Racine es un retrato histórico, que el Bachiller Sansón Carrasco, el Cura y los venteros de Cervantes son pinturas de costumbres, de clases y tierras y tiempos; que el Harpagón y el Tartuffe de Molière o el Mahoma de Voltaire son abstracciones de vicios personificados; y que Don Quijote y Sancho de Cervantes, Segismundo en la *Vida es Sueño* de Calderón y Miranda, Calibán, Desdémona y el Rey Lear en Shakespeare, deben ser contados como sublimes creaciones de caracteres ideales (*Revista de Madrid*, 1.ª serie, t. 1 [1838], pp. 51-52).

Alcalá Galiano forma parte de la tradición que produce a Galdós, y, por lo que hemos visto, sus ideas sobre la relación entre la observación e imaginación en la creación de los personajes se acercan mucho al enfoque del presente libro. También es curioso notar que en una nota a lo citado arriba, Alcalá Galiano dice, como podrían haberlo dicho Galdós o Ruiz Aguilera, y como lo dijo Mesonero: «Citamos ejemplos de fábulas en prosa a la par con los dramas, porque en lo tocante a la invención y pintura de caracteres a aquéllas como a éste comprenden las reglas de los preceptistas clásicos». Cf. la última página de la Parte II, y Antonio Gil de Zárate (1793-1861), «Teatro antiguo y teatro moderno», *Revista de Madrid*, 3.ª serie, t. 1 (1841), pp. 121-122.

[6] Umbral, *Op. cit.* (nota 13, Parte II); cf. la nota 8 a continuación.

[7] Cf. nota 13, Parte II.

[8] El tema del lenguaje, o del estilo, en Galdós hace tiempo pide un estudio que sea el definitivo. Durante largos años se ha hablado con respecto al tema sin tener en cuenta los factores históricos y genéricos que forman su contexto verdadero. Este estudio partiría del hecho de que Galdós tomaba muy en serio el tema; véase, por ejemplo, *Ensayos*, pp. 126, 166, 194.

[9] Véase la sección 3 de la Parte II.

[10] Para completar nuestro conocimiento de los simbolismos galdosianos, véase los dos ensayos del profesor William R. Risley; para el primer simbolismo, «Introduction» (escrita con Roland Grass), a la colección de ensayos, muy útiles, editada por Risley y Grass, *Waiting for Pegasus, studies of the presence of symbolism and decadence in hispanic letters*, Macomb, Illinois, An Essays in Literature Book/Western Illinois University, 1979, pp. 9-30; y, «Hacia el simbolismo en la prosa de Valle-Inclán: *Jardín umbrío*», *El simbolismo*, ed. por J. Olivio Jiménez, Madrid, Taurus, 1979, pp. 293-312, para el segundo simbolismo (este ensayo es una versión abreviada de «Hacia el simbolismo en la prosa de Valle-Inclán», *Anales de la narrativa española contemporánea*, 4 [1979], pp. 45-90).

INDICE DE NOMBRES Y OBRAS

INDICE GENERAL

Este libro se terminó de
imprimir el día 15 de julio
de 1983 en los Talleres de
Artes Gráficas Resma

Este libro se terminó de
imprimir el día 15 de julio
de 1983 en los Talleres de
Artes Gráficas Reume,